饭店一线

——中小型饭店实务操作教程

宋爱辉 著

中国旅游出版社

目　录

第一部分

服务人员素质要求

服务人员的素质要求包括思想素质、文化素质和服务素质。

一、服务人员的思想素质

良好的政治、专业思想素质是树立正确的人生观、价值观和做好服务工作的基础。

1. 政治思想素质

服务人员应树立正确鲜明的政治立场，坚持党的基本路线，加强政治理论学习，提高思想认识水平。在服务工作中要严格遵守法律法规和纪律，讲原则，讲团结，识大体，顾大局，不做有损国格、人格的事。

2. 专业思想素质

服务人员必须树立牢固的专业思想，充分认识到服务知识对提高服务质量的重要作用，热爱本职工作，在工作中不断努力学习，奋发向上，开拓创新；自觉遵守纪律，讲文明有礼貌，助人为乐，爱护公物，保护环境，遵守社会公德，爱岗敬业，诚实守信，养成良好的行为习惯，将饭店和顾客的利益放在第一位，为顾客提供"满意加惊喜"的服务。

二、服务人员的文化素质

1. 具有良好的文化素质

服务人员应该了解和掌握菜肴、烹饪、房务、会计等专业知识，以及相关的食品营养与卫生、心理学、电器设备的使用和保养、史学、美学、音乐欣赏、民俗和法律、外语及电脑知识等。

2. 熟练掌握专业操作技能

服务的每一项工作、每一个环节都有特定的操作标准和要求，许多工作无法用机器来代替，如餐厅、客房服务等，因此服务人员要努力学习、刻苦训练，熟练掌握各专业服务的基本技能，懂得各种服务规范、程序和要求，从而达到服务规范化、标准化和程序化。

三、服务人员的服务素质

1. 健康的体格

服务人员"日行百里不出门"，各种服务工作都需要付出大量脑力和体力，所以要有健康的体魄才能胜任服务工作。另外，服务人员近距离地向客人提供各类服务工作，这就要求服务人员定期体检，确保没有传染性疾病。

2. 端庄的仪表

服务人员的仪表包括服饰、仪容、举止等。

（1）服饰。上班时间应穿着规定的制服，并保持整洁、挺括。应将制服的所有纽扣扣好，拉链拉好。黑色皮鞋光亮、无污痕。上班不宜佩戴项链、戒指及其他饰物。工作时要在左胸规定位置佩戴工牌。

（2）仪容。头发整洁，不染色。不留长指甲，要经常修理指甲，不涂有色指甲油。男士每天剃须，不留鬓角。经常洗澡，勤更衣。女士化淡妆，保持朴素、优雅、大方。

（3）仪态、举止。服务态度要和蔼可亲、面带笑容，服务动作敏捷，服务程序要准确无误，服务时要精神饱满、充满活力。服务姿态要求如下：

①立态：两臂自然下垂，双手腹前相握，抬头、收腹、挺胸、目光平视，两脚跟靠拢，中间有一拳相隔，不可叉胳膊、叉腰、弯腿和倚靠柱子、柜台、墙面等，双手不可插入衣裤袋内，脚不随音乐打拍子，不聚拢闲谈。

②步态：抬头，平视，步伐轻盈平稳、不做作，双手自然摆动，面带微笑。

③坐态：胸部自然挺直，立腰、收腹，肩平头正，目光平视。女服务员着裙装时，双腿并拢斜放或平直放，双手自然摆放在腿上。

④握手：两脚并拢站立，双腿挺直，右手前伸。自然屈肘，右手掌握对方

右手掌指部位，左臂自然下垂，眼视对方，面带微笑，点头示意。

⑤问候：男士称"先生"，女士称"女士""夫人"或"太太"，见到同事、顾客要问候，如"早上（下午）好，先生（女士）！""祝节日快乐"等。客人需要帮助时，对话后加"是的，先生（女士）"。

3. 语言运用

（1）原则上要求使用普通话。

（2）对客人用语要表现出一视同仁。

（3）使用贴近生活、易懂的语言。

（4）语言表达要准确、清晰。

（5）善于倾听对方的讲话。

（6）合适的附和与接话。

（7）不要打断客人的谈话。

（8）声音不要高过宾客的声音。

（9）语言不能损害宾客的自尊心。

（10）不要自夸。

四、案例

【案例一】如此"秀色"岂能"可餐"

马先生在上海读书期间，每次乘火车回烟台前，都会在火车站附近的一家小饭店用午餐，一碗米饭、一个青菜鸡蛋汤，1.5元就可以吃饱了。但最后一次去用餐时发生的一件事，使马先生至今印象深刻，当即决定永不再到此饭店用餐。事情的原委是当马先生走到该饭店门口时，看到原来提供服务的员工，正坐在门口的凳子上，用手修理着受伤后结满血痂的右膝盖。如此地大煞风景，如此地大倒胃口，使得马先生当时便掉头而去。虽是"穷"学生，但在以后的两年时间里，马先生再也没有去过那家便宜又实惠的街头小店。

【案例二】素质决定服务质量

1994年，李先生去上海出差，有朋友请李先生一行6人到天天渔港就餐，一间包房的一位服务员，因其周到的服务给李先生和其朋友们留下了很深的印象。那位服务员不仅要为包房内李先生一行人斟酒、上菜、倒茶，还要为厅外（包间与大厅相连）的一桌客人服务，一直不停地跑出跑进，非常忙碌，但她的服务却非常到位，像是经过多年培训的老服务员或科班出身。当问她是毕业于哪个饭店专业学校时，她的回答却让众人大吃一惊："我是幼师毕业，白天有自己的工作，只是晚上过来打工，每小时 2 元，刚做了一个月。"

【案例三】怎可如此推销

王先生和几个朋友到市内一家餐馆就餐，在等待上菜的时候，服务人员过来为他铺摆餐具，每位客人一套，可选择使用，使用时需要加付 1 元的使用费。当王先生问服务员是否可以换成普通餐具时，一位服务员说了句令众人"心悸"的话："可以不用，但是用普通餐具干不干净，我们就不保证了。"

【案例四】修车

到了晚餐的时间，华天酒店三楼餐厅的主管显得有些着急，罗马厅的客人都陆续到齐了，可预订这间包厢的姜先生自己还没有来。餐厅主管没多想就拿起电话与姜先生联系。电话那头传来的却是姜先生很不耐烦的声音："我快到酒店的车库了，但是车胎爆了，天又下着雨，你让客人先等我一下。"听了这话，餐厅主管马上向管理人员汇报，然后直奔车库。

果然，他看见姜先生正无可奈何地在那里发愁。餐厅主管稍稍看了一下情况，对他说："您先去吃饭吧！我先帮您把车停好，再想想办法。"将姜先生带到餐厅以后，餐厅主管立即与酒店车队联系。车队告诉他，可以找定点维修单位来酒店维修，但费用可能会相当高，也可以就近找一个修车部，让他们来帮忙。餐厅主管便一路小跑，冒着雨找到了一家修车部，请了一位师傅，带上工具回到酒店。师傅技术很熟练，餐厅主管也在一边帮忙。不一会儿，车胎就修好了。

当餐厅主管把车钥匙交给姜先生时，姜先生的眼里充满了感激和诧异。以后，他有机会总是要对别人宣传："华天就是有人情味儿！"

第二部分

餐饮服务技能与规范

一、中餐服务技能

（一）预订

1. 餐前准备

（1）清理预订处卫生，整理个人仪容仪表，检查备品、资料情况。

（2）查询预订记录本，了解预订的基本情况。

2. 接待宾客预订

（1）迎接客人，主动向客人问好，请客人入座，必要时准备茶水和小毛巾。

（2）接受预订。仔细聆听客人需求，在预订记录本上详细记录就餐人数、就餐时间、订餐人姓名、联系方式和特别要求等事项。记录完毕，重复客人预订内容，请客人确认。

（3）礼貌致谢，欢迎客人再次光临。

（4）安排客人预订。将预订情况及时书面通知相关接待及厨房等部门主管，做好接待准备。

（5）汇总预订信息。汇总各餐厅的预订信息，记录在餐饮信息传递单上，每日中、晚、夜下发到各相关部门，做好接待准备。

（6）注意事项：

①对不同国家、民族、宗教的客人应详细记录并注明客人的喜好、习惯与禁忌。

②重要宴会应建议客人提前订好菜单，以免客到后上菜不及时。

③大型宴会（5桌以上）须与客人签订接待安排协议书，以避免不必要的损失。

④询问客人姓名及公司名称时，语气要委婉，如："请问可以怎样称呼您？"

3. 接听预订电话

（1）接起电话，报岗位名称，向客人问好。

（2）接受预订，做好记录。

（3）安排客人预订。将预订情况及时书面通知相关接待及厨房等部门主管，做好接待准备。

（4）汇总预订信息。

（5）注意事项：

①"三响之内"接线。所有来电，务必在铃响三声之内接线，以体现饭店的工作效率。

②先用问候语，再报单位。例如："您好，预订处。""您好，××饭店。""请问我能帮您什么忙吗？"显得彬彬有礼，给人亲切感。

③避免使用过于随便的语言。接听电话时，切忌说话生硬。"你找谁？""他不在。""不知道。"这样的语句会使对方感到非常不快。

④注意聆听。听电话时要注意礼貌，仔细聆听对方的讲话，要把对方的重要讲话进行复述，应不时地用"嗯""对""是"来给对方积极的反馈。

⑤通话结束时，应说"感谢您的预订，再见。"，挂电话时须等对方挂断电话后再挂电话。任何时候不得用力掷电话。

（二）迎宾领台

1. 迎接客人

（1）事先了解餐厅预订情况，仪容仪表端庄整洁，在开餐前15分钟站在餐厅门口指定的位置，恭候客人到来。

（2）见到客人，微笑问候，了解是否有预订。如果有预订，问清预订人姓名或单位，引领客人到预订餐位；如果没有预订，应了解用餐人数等情况。回答宾客问题和引领宾客时要注意使用敬语，做到态度和蔼、语言亲切。主动接过衣帽和其他物品。

2. 引座服务

（1）迎宾员走在客人侧前方1米左右，引领客人到适当的座位，注意不断回头招呼客人，提醒客人注意台阶。

（2）迎宾员在引领过程中，应判断出客人间的主、宾关系，做到有礼貌地正确称呼客人，并且将相关信息及时传达给值台员。

3. 餐位安排

（1）经征求客人同意，一般将先到餐厅的客人尽量安排在靠窗、门口区域的餐位，以便窗外、门外的行人看见，以招徕客源。

（2）情侣尽量安排在风景优美的角落，使其不受打扰。

（3）喜欢引人注目的客人，如着装华丽的时髦女郎，安排在餐厅中央显眼的位置上。

（4）行动不便的老人或残疾人，安排在靠门附近；残疾人入座要尽量挡住其残疾部位。

（5）接近最后点菜时间到餐厅的客人，尽量安排在靠厨房的位置，以方便迅速上菜。

（6）为带孩子的客人主动提供儿童椅，并保证安全。

（7）餐厅客满时，请客人在沙发休息区等候，一有空位即按等候顺序安排入座，等候时可提供菜单和酒水服务。如果客人不愿意等候，主动帮助联系本饭店的其他餐厅，尽量安排客人在本饭店就餐。

（8）对带宠物来餐厅的客人，应婉言告诉客人宠物不能带进餐厅。

4. 入座服务

（1）将客人引至桌边，征求客人对桌子及方位的意见，待客人同意后，请客人入座。

（2）将椅子拉开，当客人坐下时，用膝盖顶一下椅背，双手同时送一下，让客人坐在离桌子合适的距离，一般以客人坐下后前胸与桌的间隔距离10~15厘米为宜。

（3）为客人打开餐巾，铺在腿上。由第一主宾开始按照顺时针方向依次为客人落餐巾。

（4）站在客人右侧后方，用右手打开菜单第一页，放在客人右前方桌上。

（5）将值台服务员礼貌地介绍给客人，祝客人用餐愉快。

（6）将客人姓氏告知准备为客人服务的人员，以便直呼客人姓氏，体现对客人的尊重。

5. 送客服务

（1）微笑送别客人，欢迎客人再次光临。

（2）靠近电梯时应主动为客人按下电梯按钮，送客人进入电梯。

（三）托盘

托盘的操作方法按承载物重量分为轻托和重托。

1. 轻托

轻托一般在客人面前操作，主要用于托送较轻的物品。轻托动作要求优雅和准确，操作方法如下：

（1）理盘：根据所托的物品选择合适的托盘。如果不是防滑托盘，则在盘内垫上洁净的垫布。

（2）装盘：根据物品的形状、体积和使用先后合理安排，以安全稳当和方便为宜。一般是重物、高物、后取物放在里档，低物、轻物、先取物放在外档；先上桌的物品在上、在前，后上桌的物品在下、在后。要求托盘内物品重量分布均衡，重心靠近身体。

（3）起盘：左手五指分开，掌心向上，小臂与大臂垂直于左胸前，用手指和手掌托住盘底，平托于胸前，略低于胸部。

（4）行走：行走时要头正肩平，上身挺直，目视前方，脚步轻快稳健，精力集中，随着步伐移动，托盘在胸前自然摆动，必须保证菜肴、酒水不外溢。

（5）卸盘：到达目的地，要把托盘平稳地放到工作台上，再安全取出物品。用轻托方式给客人斟酒时，要随时调节托盘重心，勿使托盘翻倒。

2. 重托

重托是托载较重的菜点和物品时使用的方法，所托重量一般在 10 千克左右。目前国内饭店使用重托的不多，一般用小型手推车递送重物，既安全又省力。尽管如此，服务员也应了解重托的基本技能。

（1）理盘：将物品合理摆放在托盘内，要求托起重心靠近身体。

（2）托盘：双手将托盘移至工作台外，用右手拿住托盘的一边，左手伸开五指托住盘底，掌握好重心后，用右手协助左手向上托起，同时左手向上弯曲臂肘，向左后方旋转 180°，擎托于肩外上方，做到盘底不搁肩，盘前不靠嘴，盘后不靠发，右手自然摆动或扶托盘的前内角。

（3）行走：上身挺直，两肩放平，行走时步伐轻快，身不摇晃，掌握重心，保持平衡，动作表情轻松自然。

（4）放盘：屈膝直腰，放盘。

（四）餐巾折花

1.餐巾折花的种类

（1）按造型外观不同，可分为动物类、植物类和其他类。

（2）按折叠方法与放置用具的不同，可分为杯花、盘花和环花。

2.餐巾折花的基本技法

餐巾折花的基本技法有折叠、推折、卷、翻拉、捏、穿等。

3.餐巾花的选择和应用

餐巾花的选择和应用，一般应根据餐厅或宴会的性质、规模、规格、季节、来宾的宗教信仰、风俗习惯等因素来考虑，以取得布置协调美观的效果，总的原则是：

（1）根据宴会的主题和性质以及宴会规模、规格、接待对象、席位安排和宗教禁忌等选择色彩、质地和花形。如大型宴会可选用简单、可提前准备的盘花；接待日本客人不宜选用荷花；婚礼可用玫瑰花、并蒂莲和鸳鸯等；圣诞节可选用圣诞靴和圣诞蜡烛等花形。

（2）选用杯花时，主位应稍高，摆放要注意安全，并将观赏面朝客人座位，动物和植物花形可以搭配选用，也可用一种或两种花形。餐厅或宴会选用盘花或环花时，一般以一种或两种为宜，体现整齐划一，否则将杂乱无章。

（3）盘花简洁，折叠、使用方便，国际惯例均以盘花为主。

（五）布桌摆台

布桌摆台包括餐桌布局、铺台布、安排席位、准备用具、摆放餐具、美化席面等，是餐厅服务一项要求较高的基本技能。这里主要介绍中餐摆台。

1.合理布局

餐桌布局要求合理，根据餐厅形状灵活布局。

（1）零点餐厅：一般小桌可以靠边摆放，中等圆桌，可供五六人用餐的，摆放在餐厅中间，大桌放在靠里的角落或靠边不打扰其他客人处。餐厅可以用绿色植物、地面抬高或栏杆来分割不同的服务区域，每个区域餐位数大致相同，并配备工作台，方便服务员操作。餐厅要留出迎宾区、客人和服务员行走通道。

（2）中餐宴会：一般使用圆桌，按宴会通知单告知的桌数、人数，选择大小、颜色一致的圆桌、座椅，根据餐厅形状、陈设特点进行摆台。

①布局时要把主宾入座和退席时经过的主要通道留宽敞点，以方便客人出入和服务员工作。

②布局时要尽量运用日光和灯光，力求桌面光线明亮、柔和。

③台形布局一般次序是：突出主桌，近高远低，以右为大。近高远低是指被邀请的客人身份而言，身份高的离主桌近；以右为大是国际惯例，即主人的右席高于左席。主桌应在上首中心，突出其设备和装饰，台布、餐椅、餐具的规格应高于其他餐桌。主桌的花台也要特制，鲜艳突出。

④有主席台设施的宴会厅，台上要布置会标。

⑤主桌要设服务桌，服务桌的摆放距离要适当，便于操作。

2.席位安排

（1）确定主位。一般是根据餐厅整体布局及主墙装饰来确定。

（2）客人座次。客人座次安排的主要方法（平行法）如图所示：

3.摆台流程

（1）准备工作：

①洗净双手。

②领取各类餐具、台布、餐巾、围裙、转盘等，检查各种器具、器皿等有无破损，检查台布、餐巾、围裙是否干净，是否有褶皱、破损、污渍等。

③洗净所有调味瓶及垫底小碟，用干净的布擦亮餐具。

④餐巾折花。

（2）铺台布：服务员站在餐桌一侧或副主人位，打开台布，正面朝上，抖动手腕，抛出台布，一次到位，台布正面凸缝朝上，从主位指向副人主位，四角下垂部分匀称，四角与桌脚直线垂直，盖住桌脚。

（3）台面装饰：根据宴请规格、标准，需要时在台布上可以斜铺色彩不同的装饰布和鲜花、彩带，以增加气氛，体现档次。

（4）放转盘：大台面需要配置转盘，方便客人取菜。转台位置要求居中，竖拿轻放，底座旋转灵活。转盘与台面比例合适，过大、过小均不利于客人取食。

（5）摆放餐具：拿取餐具一律用托盘，避免手指与器皿边口的接触，减少污染。

①垫盘定位。席位正中摆放垫盘，垫盘上铺垫纸，然后放上餐碟，垫盘应比餐碟略大，垫盘距离桌边2厘米，如有店徽或造型图案应正对客人。公用餐碟摆放在正、副主人的正上方，距离转盘2厘米。

②摆放调味碟、汤碗和汤勺。在餐碟纵向直径延长线上方1厘米处摆放调味碟，在调味碟横向直径延长线上左侧1厘米处放汤碗和汤勺，汤勺柄朝右。

③摆放筷架和筷子。在调味碟横向直径延长线右侧放筷架、筷子和小包装牙签，筷套离桌边2厘米，离餐碟1厘米，注意轻拿轻放。牙签距离筷子1厘米，距离桌边5厘米，牙签图案、文字自上而下。筷套、牙签与餐碟纵向平行。公用勺子、筷子尾部朝右，横放在公用餐碟上，勺子在前（靠近转盘），筷子在后。

④摆放酒水杯。杯子摆放在汤碗与调味碟前，葡萄酒杯居中，左边为水杯（啤酒杯），右边为白酒杯，各杯间距1厘米。酒杯上的花纹或店标要正对客人，杯子中心线在一条直线上。

⑤摆放刀叉。如有外宾，应在垫盘两边摆放正餐刀叉，餐刀在右，筷子摆在餐刀右侧，筷架与刀尖平齐，间距1厘米。

摆放茶碟。茶碟放在筷子右侧，茶碟下沿与筷架平行，茶杯放在茶碟上，商标朝上摆正。

（6）摆放宴会餐单：餐单放在垫盘左边，数量按宴会规格而定，主宾及主人位必须摆放。

（7）转盘正中摆放鲜花，台号放在鲜花右侧，号码朝向门口席位上摆放席位卡。

（8）将折好的餐巾花放在餐碟正中，摆放整齐，高矮有序，折成的花形要形象逼真，线条挺括美观。分清主人（最高）、副主人（仅次于主人）、主宾（独特）的花形，观赏面朝向客人。如图：

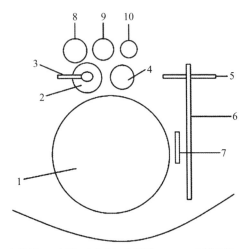

1.骨碟　2.小碗　3.汤匙　4.味碟　　　5.筷子架
6.筷子　7.牙签　8.水杯　9.红葡萄酒杯　10.白酒杯

示意图说明：
（A）1距桌边缘2厘米
（B）1距2、2距4、1距4均为1厘米
（C）4距5为1厘米，6距桌边缘为2厘米，7距桌边缘为5厘米
（D）9最突出部分距2外切线为1厘米
（E）9距10为1厘米，8距9为2厘米

4.围桌裙

台布的大小以不用桌裙为宜。必须使用桌裙的，桌裙上边缘要与桌面平齐，并固定结实，一般用尼龙搭扣固定，确保不在客人就餐期间脱落。

5.摆放桌椅

摆放餐桌和餐椅时要求餐桌同侧两腿连线与餐厅门的方向平行或垂直，椅子整齐有序，椅背对齐，成行的桌子和椅子排列整齐。

6.检查

（1）检查台面铺设有无漏损。

（2）检查台面铺设是否规范、符合要求，尤其是酒杯大小是否一致。

（3）检查椅子是否配齐完好。

7. 更新替换

台布、餐巾、椅套等低值耐耗物品，既要整体搭配和谐，也应准备多套，经常更新替换。餐餐不同或有变化，会给人耳目一新的感觉。

（六）点菜

1. 点菜碰头会

各岗位所有点菜员在每餐开始前开点菜碰头会。

（1）点菜参考表开具人在会前根据厨房原料的储备及当天原料的采、供情况，结合饭店各季节菜谱、推新菜品等综合情况，开具好点菜参考表。

（2）碰头会后，点菜员及时到厨房现场了解原料储备、供应情况，再次确定点菜参考表的菜肴。确认当餐的海鲜（包括品种、质量、价格、数量等）、菜品、水果的供应情况，特色菜的原料口味和烹调方法以及当天重点推介的菜品。

2. 点菜前准备

（1）备好点菜备品：点菜器、零餐菜谱、点菜单、圆珠笔、酒水价目表、点菜参考表、推新菜单等。

（2）检查自己的个人形象，制服是否整洁，工牌是否端正，发型、妆饰是否得体。

（3）调整心态，以饱满的热情、抖擞的精神迎接客人。

（4）检查本区域内卫生及菜品摆放，并注意及时与厨房沟通。

3. 点菜服务

（1）明档点菜。

①见到客人，主动问候，并简单自我介绍。

②主动了解客人的喜好及禁忌，根据当日菜品特点重点推销菜品，引导客人消费。

③根据客人点菜速度，运用好点菜器或手写菜单。

④掌握时间，让客人有充分选择的余地。

⑤如客人有特殊要求、点菜单上没有的菜品等，及时记录在手写单上到收银处输入。

⑥点菜结束，与客人确认菜品，特别是客人的特殊要求必须予以确认。

⑦向客人致谢，祝客人用餐愉快。

⑧确认无误后，及时发送到各个档口。

（2）厅房点菜。

①进入包厢前，在电子菜单上注明台号（包厢号）、桌数、日期、餐次、点菜员姓名等。

②进入包厢，顺手关门。礼貌问候客人并确定点菜主宾，站于客人右后方可以看清客人面部表情的位置，开始点菜。用语如："各位好，欢迎光临××饭店，请问哪位先生（女士、老板、领导等）点菜？"

③灵活应变，合理为客人配制菜单。根据客人就餐人数、身份、喜好、饭店菜品特色、原料储备情况等，主动介绍菜式，为客人合理制定菜单，让客人满意。用语如："我们饭店××这道菜不错，大多数客人都喜欢点这道菜""建议您来一道×××，这道菜……比较适合……"

④将客人所点菜品向客人重复一遍，确认无误。再次询问还有什么要求及何时安排上菜，同时在菜单上注明（即、叫、加急）（"即"指立即上菜，"叫"指客人召唤上菜时方上，"加急"指客人急需上菜）。

⑤一切确认无误准备离开时，应对客人说声"请稍候"或"还有什么需要，请您告诉服务员"等。

4.下单

（1）点菜单分海鲜单、入厨单（含冷菜、面点和大厨房菜）、加（退）菜单。

（2）点菜单按不同档口及时分送至各岗位，同时注明"即、叫、加急"。

（3）将服务员联送交看台服务员，以便上菜时核对。

5.收尾

一切办理完毕后，将点菜备品放回原取用位置，以便下桌点菜时随时使用。每餐点菜结束，整理当餐客人意见并及时反馈给厨房。

6.注意事项

（1）提供建议。主动介绍当天的特色菜或急于推销的菜品，协助客人选择，不能强行推销，注意荤素搭配和分量适中。当客人点到烹制工序复杂的菜肴时，应提醒客人等候时长。

（2）确认记录。为确保点菜正确无误，客人点菜完毕，应重复客人所点的菜品及特殊要求等，请客人确认。

（3）上菜时机（即、叫、加急）必须在菜单上注明。

（七）传菜

1. 传菜必备的用具、物品

（1）台号夹。可用木质夹，写上餐厅桌号。大餐桌每桌可备台号夹15只左右，小餐桌可备台号夹8只左右（注意保持台号夹的清洁卫生）。

（2）台号夹隔架。即存放不同台号夹的架子或隔断。

（3）白板。将不同的点菜单第三联依次贴在白板上供画单员控制出菜并画单。

（4）其他各种服务用具，如托盘、画单用的红色油笔、透明胶带、洗手盅、保温盖和各种调味品等应同时备好。

2. 传菜程序

（1）服务员点菜后，立即将第一联点菜单交收银台，第二联和第三联由收银员盖章后送传菜部。

（2）传菜部在第二联点菜上夹上与菜肴道数相同数量的台号夹，台号夹的桌号与点菜单的桌号相同，并递交冷菜间、热菜切配间或点心间做准备；将第三联贴在白板上以备画单、控制出菜用。

（3）传菜部负责掌握出菜的节奏和顺序，按照先冷菜后热菜的顺序出菜。根据台号夹的号码，在白板上相应台号的点菜单上将已出的菜肴画掉，同时检查菜肴数量和质量等。

（4）传菜员迅速将菜传交给餐厅服务员，由餐厅服务员服务上桌。

（5）第三联点菜单画单结束后妥善保存，以备财务部审核。

3. 传菜的基本原则

冷菜要冷，热菜要热，尤其是火候菜，要在出菜后第一时间上菜，不能等其他菜一起上；冷热菜不能混上。

4. 注意事项

（1）起菜后，传菜处必须严格按照正确的或客人要求的上菜顺序和速度传菜，同时必须保证厨房所出菜品的质量，出现不合格的菜品必须立即退换。

（2）对需要配料或相关用具的菜品，必须根据上菜的顺序和时间提前准备好，不能出现出菜后再准备配料、用具的现象。

（3）传菜过程中至少两次以上询问餐厅服务员上菜速度是否合适，根据情况适时做出调整。

（八）斟酒

1. 备酒

（1）斟酒前，擦拭酒瓶，检查酒水情况（是否混浊，有无沉淀、悬浮物等）。

（2）备好的酒水要整齐摆放在服务台上。

（3）了解酒水的最佳饮用温度，进行升温或降温处理。需降温喝的酒：白葡萄酒 8~12℃，啤酒 4~18℃，香槟酒 4~8℃，一般冷饮约 12℃；

需升温的酒：白酒水烫，黄酒烧煮；

需氧化后再饮用的酒：红葡萄酒，最好先倒入大的醒酒器内让葡萄酒充分氧化后，再斟入客人杯中。

（4）准备酒杯并检查洁净、完好程度。

2. 示酒

（1）客人选定酒水品种后，服务员即取来指定的酒水，站在点酒客人的右侧，左手托瓶底，右手扶瓶颈，与水平线成45°角，酒标朝向客人，等待客人示意。

（2）如客人点的是白葡萄酒，在冰桶内放上碎冰，将酒瓶放在冰桶内，酒标朝上，将冰桶带架放置在客人面前的桌上。

3. 开瓶

（1）葡萄酒开瓶：开瓶时尽量避免晃动瓶身，用开瓶刀割下包装纸，垂直将酒钻钻进木塞，用杠杆原理将木塞拔出，再用干净的布巾擦拭瓶口。

（2）香槟酒（葡萄汽酒）开瓶：将瓶身倾斜约60°，左手大拇指压紧塞顶，用右手扭开铁丝，然后握住木塞，轻轻转动往上拔，靠瓶内的压力和手拔的力量将瓶塞取出，再保持倾斜数秒，防止溢出。

（3）铁盖饮料开启：用托盘将饮料托至工作台，当众用扳手开启。

（4）易拉罐饮料开启：用托盘将饮料托至工作台，拉开拉环后，用托盘将饮料送至餐台。开启啤酒和汽水前不可晃动易拉罐，避免液体外喷。

（5）注意事项：

①开瓶后再次检查酒水的质量，并用干净布巾擦拭瓶口。

②开瓶后的封皮、木塞、盖子等杂物不要放在餐桌上，应放在托盘等容器内，操作完毕，将其带走。

③开含汽饮料瓶时，瓶口不要朝着客人。

4. 斟倒酒水

（1）桌斟。

站在客人右后侧，左手拿干净的布巾，右手斟酒。如客人同时点几种酒水时，需用托盘，用左手托盘，右手根据客人需要斟倒。注意托盘不可越过客人的头顶，而应向后自然拉开，掌握好托盘的重心。

①持瓶姿势：右手手掌自然张开，握住酒瓶的中部偏下位置，拇指朝内，食指指向瓶口，与拇指约成60°角，中指、无名指、小指基本并在一起，与拇指配合握紧瓶身，酒的商标朝向客人一方。

②站姿：右腿伸入两客座椅之间的空当半步，身体稍侧，右手持酒瓶展示于客人面前，使客人看清商标，应允后再斟。

③动作要求：瓶口距杯口1厘米，每斟一杯酒后，持瓶的手要顺时针旋转100~180°，同时抬起瓶口，以避免酒水滴落在餐桌上或客人身上，并用餐巾擦去瓶口的酒水。

④斟酒顺序：为宾客斟酒倒水时，要先征求宾客的意见，根据宾客的要求斟倒各自喜欢的酒水饮料。应从主宾开始先斟葡萄酒，再斟烈性酒，最后斟倒饮料，按顺时针方向依次绕台进行。

（2）捧斟。

捧斟服务常用于酒会，服务员左手持酒杯，右手持瓶，站在客人右侧，向杯内斟酒水，将斟好的酒水递送至客人右手。

（3）斟酒量。

①中餐斟酒：八分满。

②西餐斟酒：红葡萄酒，1/2杯；

③白葡萄酒：2/3杯。

④白兰地：1/6杯（酒液与放倒的杯口齐平）。

⑤起泡葡萄酒：2/3杯（先斟1/3杯，待气泡退去后，再斟至2/3杯）。

⑥啤酒：八分酒加二分泡沫。

（4）注意事项：

①斟酒时，不准隔位斟倒或反手斟倒。

②切忌站在一个位置为左右两位客人斟酒。

③控制好酒的流出速度。

④使用冰桶或暖桶的酒，取出后应用餐巾抹去瓶外的水滴。

⑤斟酒时瓶口不能搭在杯口上，如操作不慎将酒杯碰翻，要及时处理。

⑥为客人添加酒水，宜在客人空杯后。非客人特殊要求，不应在客人杯中有酒时添加酒水，尤其是啤酒。

⑦宾客干杯或相互敬酒时，应迅速拿瓶到台前准备添酒。在宾主离席讲话时，服务员应备好酒杯斟好酒水，供客人祝酒。

⑧大型宴会，事先斟酒。主人和主宾讲话前，要注意观察每位宾客杯中的酒水是否已准备好。

（九）上菜

上菜一律用托盘操作，左手托盘，右手上菜。冷菜与热菜分开放置。

1. 上菜

（1）上菜位置：服务员应注意，以不打扰客人为原则，严禁从主人和副主人两侧上菜，一般从陪同旁边上菜。

（2）上菜时机：冷菜应尽快送上。冷菜吃到还剩 1/2~1/3 时上热菜，上菜要求有节奏，依次上桌。小桌客人点的菜少，一般在 20 分钟左右上完；大桌的客人菜肴道数多，一般在 30 分钟左右上完，也可以根据客人的需求灵活掌握。

（3）上菜顺序：原则上根据地方习惯安排，如有些地区上菜顺序是先冷菜、后热菜；热菜先上海鲜、名贵菜肴，再上肉类、禽类、鱼、蔬菜、汤、面点、甜菜，最后上水果。胶东地区上菜顺序为冷菜、汤、名贵菜肴、海鲜、肉类、禽类、鱼、蔬菜、面点，最后上水果（从养生角度来说，水果宜餐前吃或餐后半小时后吃）。要特别注意，有调味料的菜品，一定要先上调味料。

（4）上菜要领：

①仔细核对台号、品名和分量，避免上错菜。

②整理台面，留出空间。如果满桌，可以大盘换小盘、合并或帮助分派。

③摆放冷菜时要注意荤素、颜色搭配摆放，有刀口形象的冷菜注意刀口的

朝向：摆放花式拼盘时，正面向主人。

④先上调味料，再用双手将菜肴端上。摆放时，必须注意"鸡不献头、鸭不献掌、鱼不献脊"，即鸡头、鸭掌、鱼脊不能朝向客人。

⑤报菜名，特色菜肴应做简单介绍。

⑥大圆桌上菜时，应将刚上的菜肴用转盘转至主宾面前。

⑦餐桌上严禁盘子叠放在一起，应随时撤去空盘，保持台面美观。

⑧上菜要掌握好时机，当客人正在讲话或互相敬酒时，应稍微等一会儿，等客人讲完话后再上，不要打扰客人的进餐气氛，上、撤菜不能越过客人头顶。

⑨派送菜肴应从主宾右侧送上，依次按顺时针方向绕台进行。

2. 摆菜

（1）冷菜：摆放时，注意荤素、颜色、口味的搭配和间隔，均匀摆放。

（2）热菜：热菜、主菜摆上后，转动转盘，将菜转至主宾。

3. 分菜

（1）分菜也称派菜、让菜，不方便客人取用的汤、炒饭、炒面或整形的鸡、鸭和鱼类等菜肴，应帮助客人分派和剔骨。分菜时，一般将菜上到餐桌上，报完菜名，再将菜撤下分菜，或者在桌间替客人进行分割。

（2）注意事项：

①将优质菜肴分给主宾和其他客人。

②掌握分量，分派均匀。

③分派时切忌将一勺或一叉菜，分给两个客人。

4. 撤盘

撤盘时须征求客人意见，客人示意不需要时才能撤去旧盘。撤盘时应注意，不要拖动菜盘，更不能将汤汁洒到客人身上，注意不要损坏餐具。

（十）其他技能

1. 小毛巾服务

（1）选用毛巾。选用的毛巾要清洁干净，无污渍、破损和异味，大小一致，数量略多于用餐人数，以备临时添用。

（2）毛巾消毒。毛巾使用前必须进行消毒。如果洒用香水，不能太浓，以使用时清香爽神为宜。

（3）折叠毛巾。毛巾使用前必须进行折叠，不能单层提供，折叠层次根据毛巾大小或托盘形状而定。

（4）递送毛巾。

①客人入座后，提供第一次小毛巾服务。

②将保温箱内折好的小毛巾放入毛巾托内，用托盘从客人右侧送上，道"请用毛巾"。

③客人用过后，将小毛巾撤走或换掉。

④客人用餐中可以随时提供毛巾服务，如客人出汗时；食用手拿食品后，先上洗指水，然后及时更换毛巾（最好是湿纸巾）；客人用完餐后，再提供小毛巾服务。

（5）注意事项：天热时也应给客人递送热毛巾，尤其是客人从外面进入有空调的餐厅，用热毛巾擦拭，可迅速带走身上的热量，感觉更舒服。

2. 茶水服务

（1）端送茶水。在有沙发和茶几的座席，应左手托盘，站在茶几前30厘米处，身体稍侧，腰略躬，右脚前迈半步，右手食指和中指握住杯把，拇指按住杯盖，使杯底前沿先落入茶杯垫盘或茶几上，然后将杯把转至朝向客人右手一侧。

高桌和靠椅上茶，可将右腿伸入两把椅子之间的空档，身体稍侧，然后从托盘端起茶杯，稳妥地放置于客人右手上侧的茶杯垫盘或桌上。放茶杯时，不能将茶杯端得过高，更不能擦到宾客肩部或头部，左手托盘平稳地向外伸出，以防客人动作时碰到。

（2）倒水（续水）。倒水不宜过满，以杯内容量的7~8分为宜。用水壶倒水时，右手拿壶把，左手轻按壶盖，先给长辈或主宾斟倒，再依次服务其他客人。斟完一次水后，把水壶蓄满开水，放于方便拿取的位置。如用小水壶，蓄满水放置到桌上，壶嘴不可对着客人摆放。

（3）注意事项：茶杯、茶壶或水壶在托盘内摆放要均衡，不要过于零乱，以方便自己端取。宴请或活动的茶杯、器具必须一致。

3. 递铺餐巾

（1）客人入座后，值台服务员应上前为客人递铺餐巾，一般在客人右侧递铺，如不方便也可在客人左侧操作。

（2）操作时，站在客人右侧拿起餐巾，轻轻打开，并注意右手在前、左手在后，将餐巾轻轻铺在客人腿上。

（3）当需要在客人左侧操作时，应左手在前、右手在后，以免胳膊碰撞客人胸部。

（4）中餐厅还可以将餐巾一角压在餐碟下，以免滑落。

4.撤换餐具

（1）撤换时机：

①带壳、带骨的菜肴，如盐水鸭、基围虾和螃蟹等菜肴食用后需更换干净的餐碟。

②带糖醋、浓味汁的菜肴需更换餐碟。

③上不同的汤时，应更换汤碗。

④上名贵菜肴前应更换餐具。

⑤菜肴口味差异较大时应更换餐具。

⑥上甜品、水果前要更换餐具。

（2）撤换方法：

①在客人右边进行服务，左手托盘，右手先撤下用过的餐碟，然后送上干净的餐碟。

②从主宾开始顺时针方向绕台进行。

③个别客人没用完的餐碟，可先送上一只干净的餐碟，再根据客人意见撤下前一只餐碟。

④撤换时要尊重客人的习惯。

⑤托盘要稳，物品堆放要合理。

5.水果、甜品服务

①客人停筷后，主动询问是否需要水果、甜品。

②如果需要，更换餐碟，摆上水果叉、甜品勺，上水果和甜品。

③上果盘时，注意将观赏面朝向客人。

④水果、甜品用完后，还可询问客人是否用茶。

6.结账

当客人用餐完毕示意结账时，服务员应立即到收银台取出账单，仔细核对，并用账单夹或收银盘递送账单给客人，请客人确认账单金额。

不主动报账单总金额。

（1）现金结账：客人付现金后，应礼貌致谢，并将现金用账单夹或收银盘送到收银台办理结账手续；然后将找回的零钱和发票用收银夹或收银盘送交客人，请客人当面点清。需要注意的是，给客人找回的零钱务必干净、清洁，崭新的最好。等客人将零钱点清收好后，再次致谢，方可离开。

（2）微信或支付宝结账：向客人出示本饭店的二维码，请客人扫码付款，进行收款信息的核对并致谢。或者请客人点开手机微信或支付宝的二维码，由收银员进行扫描收费，并致谢。

（3）信用卡结账：确认客人使用的信用卡类型是否是本饭店接纳的。然后用 POS 机刷卡。付款信息无误后请客人在 POS 单上签字。

再次致谢，欢迎下次光临。

（4）支票结账：核对支票有效期限，请客人出示有效证件，检查支票的有关印章、电脑密码等，请客人告知联络电话，并礼貌向客人致谢。

送交收银员办理结账手续，如需填写支票，记下客人的证件号码和联系电话。将支票存根、有关证件和发票送还客人。再次致谢。

（5）签单结账：客人出示"欢迎卡"或"协议签单证明"时，服务员应递上笔，并核对"欢迎卡"或"协议签单证明"。请客人在账单上填写房间号码和正楷签名，或填写协议单位和正楷签名。客人签完后须将账单交给收银员核对。

住店客人的账单正本由收银员留存，第二联交总台，以便客人离店时付清。协议客人账单的第二联交财务部，由财务部定期通知消费单位结账。

7. 客房送餐服务

（1）接受预订：

①接受住店房间客人订餐时，详细问清客人的房间号、要求送餐的时间、用餐人数、禁忌以及需要的菜点，并复述一遍，请客人确认。

②开好订单，并在订单上标明接受预订的时间、接订人。

（2）准备。

①将订单及时告知相关厨房，必要时须向厨师当面说明。

②根据各种菜式，准备各类餐具、布件。

③按订单要求在餐车铺好餐具。

④根据客人所点菜品明细，搭配不同的佐料及配料。

⑤开好账单。如果客人用现金结账，则需带好发票和零钱。

⑥如客人挂房间账，则落实该房间可否挂账。

（3）送餐。对重要来宾，管理人员要与服务员一起送餐进房，并提供各项服务。

①根据客人所点，在规定的时限内到厨房取菜。

②核对房间号后按门铃，告之是送餐服务。在征得客人同意后方可进入房间，进房间后保持房门是敞开状态。

③带客人姓氏向客人问好，打招呼，把餐车或餐盘放到适当的位置，并征求客人对摆放的意见。

④按规定要求摆好餐具及其他物品，请客人用餐，并为客人拉椅。

⑤餐间为客人倒茶或咖啡，提供必要的服务。

⑥客人用餐完毕，请其在账单上签字，应为客人指点签字处，并核对签名、房间号。

⑦询问客人其他需要，如不需要，礼貌向客人致谢道别。

⑧离开客房时，应面朝客人退步转身，出房时随手轻轻关上房门。

（4）结束。

①在登记单上注销预订，并写明离房时间。

②将客人已签字的账单交账台。

③一般情况下，送餐餐具应在送餐结束后 45 分钟到客人房间回收，但必须征得客人的同意。在晚上 9:00 至第二天凌晨 6:00 之间所送的餐具，切忌马上到客人房间撤回，以免影响客人休息，可在第二天中午时征询客人，安排专人到客人房间撤回。将带回的餐具送洗碗间清洗。

8. 为生病客人服务

（1）了解病情：如客人就餐时主动提出身体不舒服，应主动询问客人的病情及需求，尽量满足客人的饮食需求，从膳食安排上体现细微化服务。

（2）个性化服务：安排客人餐位靠近餐厅门口，以方便客人离开或去洗手间。如客人需要就医，介绍就近的医院，协助客人就医。

主动提供温开水，以方便客人服药。积极推荐可口饭菜，为客人提供稀饭、面条之类的清淡食品，主动提供可治疗感冒的姜汤等。

（3）突发病客人：保持冷静，立即通知部门经理或大堂副理，帮助客人联系医院，并照顾客人，在最短的时间内协助客人就医。同时要安慰其他的客人。

9. 为儿童服务

（1）安排座位：提供儿童座椅，协助客人将儿童抱到儿童椅上。将儿童椅推到餐桌边合适的位置，固定好儿童椅。

（2）调整餐具，推荐饮料食品。撤走多余的餐具。

向客人推荐适合儿童的饮料并提供吸管，向客人推荐适合儿童口味的食品。

（3）特殊的服务：如儿童哭闹不停，应协助家长安抚。随时关注在餐厅内玩耍的儿童，劝阻其可能造成危险的行为或打扰其他客人的行为，并通知其家长。

二、中餐服务流程

（一）零点服务

1. 餐前准备

（1）按要求着装，按时到岗，接受任务。

（2）根据规范进行餐前清洁卫生工作，如检查地面卫生，保持餐具、棉织品、家具等的清洁卫生。

（3）摆台。

（4）准备工作。烧好开水，备好茶叶和各种佐料，整理工作台，准备开餐用具。

（5）服务员自查：检查个人卫生、仪容仪表和精神面貌。开餐前复查一遍本班组工作区内的台子、台面、台面餐具、各种调料、牙签、火柴、台号牌等是否齐全、整洁，放置是否整齐、符合要求，椅子与所铺的席位是否对应等。

（6）了解当日菜品的供应情况。

（7）准备就绪后，部分服务员站立餐厅门口，等候第一位客人，然后各就各位站于分工区域规定的迎客位置，做好迎客服务准备。

2. 迎宾引领座位

3. 递送菜单

4. 点菜

5. 上菜

6. 巡台

（1）添加酒水、饮料。

（2）撤换餐具。

（3）拉椅、递餐巾。

（4）水果、甜品服务。

（5）打包服务。

7. 结账送客

8. 结束工作

（1）客人走后，检查是否有遗留物品，如有，立即追送给客人，或交餐厅经理处理。

（2）整理餐椅，清点餐巾和小毛巾，并将所有餐具送至工作台或洗碗间。

（3）换上干净的台布，重新摆台，等候迎接下一批客人或继续服务其他客人。

（二）宴会服务

1. 掌握情况

接到宴会通知单后，餐厅服务人员应做到"八知""五了解"。

（1）"八知"：知主人身份，知宾客国籍，知宴会标准，知开餐时间，知菜式品种及烟酒茶果，知主办单位或主办宾客房间号、姓名，知收费办法，知邀请对象。

（2）"五了解"：了解宾客风俗习惯，了解宾客生活忌讳，了解宾客特殊要求，了解宾客进餐方式，了解主客（如果是外宾，还应了解其国籍、宗教信仰、禁忌和口味特点）的特殊要求。

（3）对于规格较高的宴会，还应掌握：宴会的目的和性质，有无席次表、席位卡，有无司机费用等。

2. 明确分工

在人员分工方面，要根据宴会要求，对迎宾、值台、传菜、酒水供应、衣帽间及贵宾室等岗位人员都要有明确分工。要求所有人员都有具体任务，将职责落实到人，做好人力、物力的充分准备，并保证宴会善始善终。

3. 宴会厅布置

根据宴会的规模和宴会厅的情况，做好环境布置和台形设计工作，台形布置要注意突出主桌，按照台形布置原则即"中心第一，先右后左，高近低远"来设计、安排。桌椅安排要整齐，并留有服务通道。

正式宴会设有致辞台，致辞台一般设在主桌附近的后台或右侧，装有两个麦克风，台前用鲜花围住。扩音器应有专人负责，事前要检查并试用，防止发生故障或者产生噪声。临时拉设的线路要用地毯盖好，以防发生意外。

宴会厅的室温要注意保持稳定，而且与室外气温相适应。一般冬季保持在20~22℃，夏天保持在22~24℃（按照节能环保的要求，提倡夏季温度保持在26℃）。

4. 熟悉菜单

服务员要熟悉宴会菜单和主要菜肴的风味特色，随时回答顾客对菜点所提出的各种询问，同时应了解每道菜的服务程序，保证准确无误地进行上菜服务。对于菜单，服务人员应能准确地说出每道菜的名称，能准确描述每道菜的风味特色，能准确讲出每道菜的主料、配料、调料以及其制作方法，并准确服务每一道菜肴。宴会开始前，要仔细审阅菜单，了解宴会主要宾客的国籍、民族、宗教信仰及饮食上的特殊要求，如发现菜单中的菜品有误要及时与厨房联系解决。

5. 物品准备与摆台

（1）工作台的配备及要求。服务员将各式菜汤、点心从厨房取出时，首先要放在工作台上，然后由值台服务员按服务程序上菜。值台服务员从餐桌上撤下餐具也要先放在工作台上，然后再由传菜员将餐具及时撤走。宴会服务所用的各种餐具、酒具和各种酒品饮料都要整齐地码放在工作台上，这样才便于在服务中随时取用。工作台的摆放要适当，台布要铺整齐，做到既整体美观又便于服务员操作。

（2）备齐台面用具。宴会所需餐具、酒具要根据宴会菜肴的数量、宴会人数列出所需要餐具的种类、名称和数量，分类进行准备，计算方法是将一桌的餐具、酒具的数量乘以桌数即可。各种餐具、酒具要有一定的备用量，以防在宴会中增加人数或损坏，临时进行替补，备用餐具一般不应低于总数的20%。

（3）摆台。按照宴会的标准摆台，做到全场一致。

（4）备齐酒品饮料。宴会开始前 30 分钟按照每桌的数量拿取酒品饮料。要将瓶、罐擦拭干净摆放在工作台上，做到随用随开，以免造成不必要的浪费。

（5）取冷菜。一般在开餐前 15 分钟摆放冷菜。取菜时必须使用托盘，讲究操作卫生；取菜时不要摞叠，以免破坏冷菜的造型；取菜时要按每桌规定的数量拿取，不要多拿、错拿。

（6）开餐前检查。准备工作就绪后，与宴会管理人员沟通，做一次全面的检查。及时召开餐前会，保证宴会能按时顺利进行。

6. 迎宾

（1）客人到前 5~10 分钟，管理人员、领台员在门口（楼梯口或电梯口）迎候客人。

（2）客人到时用敬语表示欢迎。

（3）为客人接挂衣帽，接挂时勿倒提，以防衣袋内物品掉落，有衣帽间的应备有衣帽牌。

（4）客人在休息室入座后，随即端茶送毛巾，按先宾后主顺时针顺序进行。

7. 服务

（1）引宾入座。

宾客进入宴会厅时，热情为客人拉椅让座。宾客坐好后，在宾客侧面打开餐巾置于客人腿上，斟茶送水，上毛巾。

（2）斟酒。

（3）上菜。

①宴会前 10~15 分钟，冷盘上菜。有造型的冷盘，将花形正对主人和主宾。

②服务过程中，值台服务员必须坚守工作岗位，注意"轻"，即"说话轻""走路轻""操作轻"。

③上热菜时，正确选择操作位置，可在副主人右边进行。

④上菜要轻步上前，双手将菜送上转盘，报准名，做简单介绍。如需要分菜，先将菜品放在转台上向客人转示一圈，然后把菜拿到工作台上将菜分好，从主宾开始顺时针方向依次在客人右边把菜端上，盘内留有少许。如上螃蟹等

带壳需要动手的菜品，要及时上洗手盅。

⑤掌握上菜时机，快慢适当，大型宴会按照主台的用餐速度上菜。

（4）巡台。

①添加酒水、饮料。

②撤换餐具。

③水果、甜品服务。

④更换或添加小毛巾等。

8. 结账

9. 送客

（1）为主宾拉椅，递送衣帽、提包等。

（2）微笑向客人致谢并道别。

（3）检查是否有客人遗留物品，及时送还。

（4）如大型宴会结束后，服务员列队在餐厅门口欢送。

10. 结束工作

（1）再次检查宴会现场，如发现客人遗留物品，及时交还客人，或交领导处理。检查地板台面有无燃着的烟头。

（2）收拾工作分别进行：先收毛巾、餐巾，后收玻璃器皿，小件物品分类收放；玻璃器皿严格分开，轻拿轻放，保证器皿无破损。

（3）各类餐具清洁消毒后清点数目，整理入柜，分类放好。

（4）清理现场，布置好餐台。

（5）请领班或主管检查合格后方可离开。

11. 注意事项

（1）服务操作时，注意轻拿轻放，严防打碎餐具物品而破坏场内气氛。

（2）宴会服务应注意前奏，不能过快或过慢，应以宾客进餐速度为准。

（3）当宾、主在席间讲话或举行国宴演奏国歌时，服务员要停止操作，迅速退至工作台两侧肃立，姿势端正，排列要整齐，餐厅内要保持安静，切忌发出响声。

（4）席间若有客人突感身体不适，应立即请医务室协助并向领导汇报，将食物原样保存，留待化验。

（5）宴会结束后，应主动征求宾、主及陪同人员对服务和菜点的意见，礼貌向宾客致谢并道别。

（6）宴会管理人员要对完成任务的情况进行小结，以便于不断提高服务质量和服务水平。

12. 特殊问题的处理

（1）对生病的客人服务时要镇静、妥当、迅速。如服务员发现宾客在餐厅用餐的时候感到不适，应迅速通知上级，同时保持镇静，并立即打电话请医务人员前来帮助，尽量避免打扰餐厅的其他客人用餐。

（2）对伤残宾客的服务要尊重、关心、体贴和照顾，尽量为他们提供方便，使他们的需要得到满足，千万不要感到奇怪和投以奇异的目光。对双目失明的宾客，可把菜单读给他们听，当把菜肴送到餐桌时，一定要把菜盘的位置告诉宾客，并询问他们有什么特殊要求，要灵活地帮助他们，使他们感觉到是帮助而不是同情。

（3）对儿童进行服务的时候，要注意儿童的心理特点，马上给儿童取一张干净的儿童椅，并尽快把食物给他们。如果菜肴不能及时送上，可给儿童提供一些小玩具、小册子，以满足他们的新奇感。要注意儿童餐桌上的餐具和热水，以防止损坏和烫伤。如果是外宾，要注意不要摸他们的头，不要给他们零食吃，不能把他们单独带走。

（4）当遇到客人在餐厅醉酒时，要有礼貌地谢绝客人的无理要求，如果客人不停地要酒，服务员可以试着建议客人要一些不含酒精的饮料，如果汁、咖啡或茶等；有客人在醉酒闹事时，必须妥善解决问题，一旦解决不了，要立即通知领导，同时送上小毛巾和茶，如有呕吐，应及时清理污物。

（5）对挑剔的客人进行服务的时候，要有耐心，认真地听取客人所挑剔的事情，当客人抱怨不休时，一定要有礼貌，不得打搅客人的谈话，绝对不能和客人争吵，在客人谈话时不能把自己的愿望与想法或店方的规定强加于人，也不允许因此而影响情绪。对客人提出的问题，坚持在不损害饭店利益的前提下，尽量满足客人。对挑剔的客人的服务，质量与水准要保持一致，不得打折扣。

（6）对客人碰倒在餐桌上的酒水，应立即将碰翻的水杯或酒瓶扶起。如果酒杯或瓶子已经破碎，应该用扫台刷将碎片扫入托盘清走。检查客人是否有划伤，如果受伤要做紧急处理。如果客人衣服弄湿应递给客人一块干净的餐巾，请客人将衣服上的液体擦干净。台面上用一块干净的餐巾遮盖，递上新酒杯，重新斟酒，等客人用完餐后婉转地向客人收取赔偿费。

（7）当客人提出菜肴未熟的时候，应立即查看菜品情况，如果情况属实，要迅速向厨房反映，重新制作，并向客人致以歉意。如果属于客人对菜肴风味特点的误解，服务员既要礼貌又要婉转地向客人介绍其特点和吃法；如果客人坚持己见，餐厅应无条件地满足客人的要求，事后对客人的投诉应加以分析。对容易产生误解的菜肴，要提前对客人进行介绍。

（8）对宴会临时增加的人数，征得主人同意，根据人数增添相应的餐具、座椅及菜品。

（三）自助餐服务

1. 餐厅布置

自助餐台的设计要美观，台形宽大，位置突出，台前客人活动空间宽敞。台面菜点装饰美观、舒适，台面清洁卫生，餐桌之间通道安排合理，方便客人取菜用餐。

2. 准备工作

（1）了解当餐的就餐人数、标准、开餐时间及菜品名称、有无特殊要求等，将消毒好的餐饮器具摆放到餐台上，以供客人自取。自助餐炉必须光亮洁净、无水痕、无油渍。根据相应菜肴跟上相应的餐具（如：汤汁类菜肴必须加碗，水果必须加盘，水饺上漏勺、碗）。酒水台上必须跟上相应的酒杯及水杯等。

（2）摆台。注意调味壶中的调料不能超过两天。

（3）检查自己区域内的卫生是否整洁干净，物品准备是否充足，并将椅子拉开对正，间距均等。

3. 餐间服务

（1）菜品的供应。菜台摆放要合理有序，方便客人取用。摆放顺序一般为：凉菜→汤→热菜→面点→水果等，开餐前15分钟上齐菜品，菜品摆放要注意颜色及口味的搭配，菜上齐后将酒精炉点燃。

（2）根据就餐要求，安排服务员在餐厅入口处收取餐券或清点人数，看台服务员则按规定的标准站好，不准交头接耳，要面带笑容迎接客人的到来。

（3）客人来到餐厅，要主动、热情问好，并引导客人，提供相应服务，对客人不熟悉的菜品可稍作介绍、推荐。

（4）根据就餐人数与菜量，及时添加菜品，并要保持菜肴的温度，严禁让客人吃冷菜凉饭；台面要始终保持整洁，及时添加餐盘、筷子、杯子及转盘上的物品等。

（5）看台服务员要根据客人的要求，快速敏捷地服务。客人就餐完毕，坐着聊天时，则需征求客人意见为其斟上茶水。

（6）随时听取客人对饭菜的要求及评价。

4.餐后工作

（1）客人用餐结束，要主动告别并提醒客人带好自己的物品。如发现有遗留物品，而客人已离店，要立即上交。

（2）做好餐厅的结束收尾工作。

（3）将客人所提意见或建议及时反馈给部门经理，为下一餐做好充分准备。

（4）布置台面，搞好餐厅卫生。

三、西餐服务

（一）西餐散客服务

1.西餐摆台及餐前准备

（1）西餐摆台要则。摆台前要洗手消毒，搞好个人卫生。摆台时用托盘盛放要用的餐具，边摆边检查餐叉、酒具、餐盘是否干净、光亮。手拿餐具（如刀、叉）时，要拿其柄部；拿餐盘、面包盘时手不应接触盘面；拿杯时手指不能接触盛酒部位。摆好台后要全面检查是否有漏项或错摆现象，检查花瓶、蜡烛台是否摆放端正。

（2）西餐早餐摆台。西餐早餐一般是在咖啡厅内提供，有美式早餐、欧陆式早餐及零点早餐，摆台方面略有差异。摆台时，首先在桌子上铺一块台垫，台垫下垂10厘米。台垫的作用是避免餐具和台面碰撞。在铺好台垫后再把清洁的台布放在台垫上，台布的中线折缝应落在桌子的中线上，使四周下垂部分的长度一致。在铺台布前一定要认真检查，绝不能把有破损和污点的台布铺上去。台布铺好后摆放餐具，餐具从宾客的左手边开始。摆面包盘，盘上摆黄油刀，盘边与桌边距离为2厘米。面包盘的右边摆餐叉，餐叉与盘距离1厘米，叉柄端与桌边距离 2 厘米。吃盘摆在餐叉的右边，餐巾折好摆在吃盘上。吃盘的右侧摆餐刀，刀口朝向吃盘。餐刀的前方摆水杯，餐刀的右侧摆咖啡碟，咖啡碟上摆咖啡杯和咖啡勺。咖啡壶、糖缸摆在咖啡杯的上方。盐和胡椒瓶放在餐台靠中心的位置上。

（3）西餐午、晚餐摆台。午、晚餐一般使用小方台、小圆台或长方台。摆放餐具的方法是：吃盘放在正中，对准椅中线（圆桌则按顺时针方向并按人数等距离定位摆盘），餐巾叠好放在吃盘内，餐叉放在吃盘左边、叉尖朝上，餐刀和汤匙放在吃盘的右边，匙口朝上，甜点餐具横放在吃盘的上方。面包盘放在餐叉的左边，黄油刀竖放在面包盘上，水杯放在餐刀尖的上方，酒杯靠水杯右侧，胡椒瓶、盐瓶放在吃盘的正上方，牙签筒放在胡椒瓶的左边。

2. 西餐服务

（1）西餐早餐服务。迎宾领位服务同中餐。客人入座后，可采取三种方式进行服务：

①开单点早餐。一般以蛋类、面包、牛奶、咖啡等为主，另外在用餐前要问清蛋类是煎蛋、煮蛋还是炒蛋及时间要求、单双面煎，同时为客人上饮料或红茶。

②随要随上。开餐前一般只摆餐盘、水杯或刀叉，所用餐具根据客人点早餐的品种随上随摆，使餐具与菜点相匹配。

③常客用餐。根据客人的要求及习惯上早餐。如：果汁、面包、蛋类、芝士、黄油、果酱、咖啡或红茶等。同时，每上一种早点，即摆一种或一套餐具。早餐结账采取用餐完毕即结账的方式，程序同中餐结账。

（2）西餐正餐服务有以下几种：

①法式服务。特点是典雅、庄重，周到细致。注意事项：每一桌配一名服务员和一名服务助手，配合为客人服务。客人点菜后，菜食的制作在客人面前完成，半成品请客人过目，然后在带加热炉的小推车上完成制作，装盘后请客人品尝。每上一道菜都要撤换餐具。菜点与酒类相匹配。每上一道菜都必须清理台面。

②俄式服务。与法式服务相似，也是一种讲究礼节的豪华服务，虽然采用大量银质餐具，但服务员的表演较少，它注重时效，讲究优美、文雅的风度。上餐次序为面包→黄油→冷盘→汤类→鱼类→旁碟→主菜→点心→水果→咖啡

或红茶。所有菜都是在厨房预先做好。另外，客人点菜后都由服务员派菜，派菜前用口布垫着，托住盘底，从客人左侧分派。用餐完毕，等客人把刀叉放到盘子里后才撤盘。酒水与饮料服务与法式相同，比较高雅、细致。

③英式服务。也称家庭式服务，适用于私人宴请。上菜程序与法式、俄式相同，其操作实务与法式、俄式又有所区别：首先，英式不用餐盘，铺台时不摆餐盘，除汤盘和冷盘外，其余都是事先摆到桌面上的。其次，客人所点的菜食，都是直接将菜盘放到客人面前，让客人享用。最后，英式服务过程中一般不派菜。

④美式服务。特点是比较自由、快速、简单、大众化。客人入座后，先将水杯翻过来，斟一杯冰水。上菜一律用左手从客人左侧上，撤盘时则用右手从客人右侧撤走。主菜上完后上甜菜，要先撤盘，整理台面，然后再上，其他餐具一般不动。服务操作动作快，客人用餐也比较自由。

（二）西餐宴会服务

1. 餐前准备

（1）摆台。西餐宴会一般使用长台，台形有一字形、马蹄形、U形、T形、E形、正方形、鱼骨形、星形、梳子形等。宴会采用何种台形，要根据参加宴会的人数、餐厅的形状以及主办单位的要求来决定。餐台由长台拼合而成。椅子之间的距离不得少于20厘米，餐台两边的椅子应该对称摆放。

（2）宴会座次。安排上与中餐有着明显的区别，有的以夫人为第一主人，先生为副主人。一字形长台席位安排有两种：一种是主人坐在餐台的横向中间，即主人坐在正上方，第一主宾坐在主人的右侧，第三主宾坐在左侧，副主人坐在主人的对面，第二主宾坐在副主人的右侧，第四主宾坐在副主人的左侧。另一种坐法是主人和副主人坐在长台纵向的两端，主人坐在长台的上方，第一主宾坐在主人的右侧，第三主宾坐在主人的左侧；副主人坐在长台的下方，第二主宾坐在副主人的右侧，第四主宾坐在副主人的左侧。T形餐台席位安排总体上与圆桌相同，主人一般都安排在横向餐台的中间位置，主要宾客则安排在主人的两侧。U形餐台中间处往往不安排座位，主方、客方座位交叉。

（3）台面布置。西餐宴会大多用长台，有以下几种方式：

①一字花式。台子的两端不设座位，具体摆法是：用青草在台子的中间摆一长龙，在距台子两端约40厘米处叉开，各向长台的两角伸延15厘米即可，

然后在青草上插些鲜花、花瓣均可。花的品种与色泽要均匀。

②花环式。在宾客的水杯前面，用青草围一圈，然后再插花。

③花坛接花环式。在台的中间先摆一小花坛，两边用花环连接。如餐台较长，除中间设一花坛外，可两侧对称设两个小的花坛。

④台面插花式。餐台不摆台布，只在餐具的下面垫餐巾纸。桌面摆放插花。插花常以瓷盆内放一个带钉的锡垫，把花基插在铁钉上，花随铁钉而挺拔、直立，以花为主，衬托小叶，显得自然、飘逸。

2.宴会开餐服务

（1）开餐准备。

①在宾客到达餐厅前10分钟，把开胃品摆放在餐桌上，一般是每人一盘，在少数情况下，也可以把开胃品集中摆在餐桌上，由宾客自取，或由服务员帮助分派。在摆开胃品时应考虑其荤素、特色、品味的搭配，盘与盘之间要留出一定距离。

②为宾客杯中准备好冰镇的水或矿泉水，酒水、饮料应该按饮用标准事先处理。

③开餐前应对各项准备工作进行一次全面检查，服务员应检查各自的仪表仪容，操作的服务员应戴白手套。

（2）迎宾接待。有礼貌地热情接待来宾，同时引领宾客到休息室休息，并为宾客送上餐前饮料及餐前酒品。若宾客为坐饮（即以坐姿享用饮品），要先在宾客的面前送上杯垫，然后放上饮料；若宾客为立饮，要先给宾客送上餐巾纸，再送饮料。当宾客到齐后，主人表示可以入席时，服务员要立即打开通往餐厅的门，引领宾客入席。

（3）席面服务。具体包括为宾客拉椅让座，顺序为女士、重要的宾客、行动不便的宾客和一般宾客。待宾客坐下后，为宾客打开餐巾，然后托着盛有各种饮料的托盘，逐一为宾客说明名称，待宾客选定后，为宾客斟饮料。

当宾客准备用开胃冷菜时，服务员应配好相应的酒水（例如：冷菜开胃品一般与烈性酒相配），当宾客基本用完开胃品时就可撤盘（看到全体宾客都放下刀叉后开始撤），从主宾的位置开始撤，在宾客的右手方向用右手连同刀叉一并撤下。

上汤时汤盘应加垫盘，然后应从宾客的左手方向用左手把汤上到宾客面前。上汤的顺序是先女士后男宾再主人（上菜、斟酒顺序亦然）。

（4）上鱼虾海鲜菜肴前，先撤下汤盘和汤匙，为宾客斟好白葡萄酒，然后上菜。

①上主菜。上主菜（又称"大菜"）时，一般配有几样蔬菜和调味料，此外还有色拉。盛主菜应用大号餐盘，盛色拉应用头菜盘（也可以用小吃盘）。主菜上桌之前，先为宾客斟好红葡萄酒。主菜上桌时，要紧跟调味料。

②上点心。吃点心用的餐具要根据点心的品种而定。热点心，一般用点心匙和中叉；烩水果用水果叉；冰淇淋应将专用的冰淇淋匙放在垫盘内同时端上去。吃点心时若主人讲话，此时应上香槟酒，斟香槟酒一定要在上点心或宾客讲话之前全部斟好，以方便宾客举杯祝酒。

③上干酪。干酪一般由服务员分派。先用一只银盘垫上餐巾，摆上几种干酪，撤掉餐台上餐具、酒具，水杯和饮料不动。

④上水果。先上水果盘和洗手碗，然后将已装盘的水果端至宾客面前，请宾客自己选用。

⑤上小毛巾。宾客吃完水果后，上小毛巾。按宾客人数将小毛巾放在小垫碟中，每人一碟，放在宾客左侧。

宴会席面服务基本结束，当主人请宾客到休息室休息时，服务员应立即上前为客人拉椅，再去拉开休息室的门请宾客到休息室就座。

（5）撤盘。如客人将刀叉分放，表示用餐未完，若将刀叉叠放或并放盘子一边，表示已用完，可以撤去。

3. 宴会休息室服务及结束工作

（1）用餐毕，服务员热情引导宾客到休息室休息，就座后，服务员开始上咖啡。上咖啡的方法是：将咖啡倒好，垫上垫碟，放好咖啡匙，将咖啡放在托盘内托送，另一服务员跟送糖、奶。

（2）上咖啡后，服务员接着托上各种餐后酒品（如白兰地、甜酒）以及巧克力糖。

（3）服务员稍等片刻为宾客续斟一次咖啡和酒品。最后撤掉咖啡具，再上一次饮料，表示宴会至此结束，宾客可自由退席。宾客离开餐厅时，服务员应站在出口的一侧，热情欢送宾客，并表示欢迎宾客下次光临。

（4）宾客离开后，服务员应及时检查台面及地毯有无宾客遗留的物品，然后收拾餐厅和休息室，按顺序收拾餐桌、整理宴会厅及休息室。

四、咖啡厅、大堂吧服务

（一）班前准备

1. 补充酒水

持上一日的酒水销售日报表到酒水库领用并补充酒水。

2. 检查吧台设施设备

按照规定的除霜时间对冰箱进行除霜；检查电源插座、开关、灯具等，确保无安全隐患。

3. 清洁吧台卫生

吧台台面洁净无灰尘，花饰或其他装饰物按要求摆放。

吧台内工作台及橱柜要干净整洁，抽屉内、橱内应铺放干净垫布。

电话机洁净，电话线盘起。

地面干净无杂物、无污迹。

4. 摆放吧台酒水

酒水展示柜洁净，展示酒水的瓶体要干净，商标无破损，品种齐全，分类摆放，名贵酒放于显眼位置，商标一律朝外。

5. 备足吧台备用品

备足各类餐具、布草、易耗品等，备好桌牌等，备足开水、冰水、咖啡、茶、奶、糖等各种物品。

6. 检查仪表仪容，接受主管工作安排。

（二）餐前准备

1. 餐前检查

餐前半小时，检查工作区域卫生，各类服务用具、杯具洁净，无污渍。检查设施设备运转是否正常。

2. 物品准备

备足早餐用台垫、刀叉、托盘、擦桌布，备足餐桌上的餐巾纸、袋糖、牙签、椒盐等，每台备番茄酱、辣椒粉各一瓶。

3. 自助餐台准备

清理餐台，提前半小时将自助餐炉内、汤桶内加足热水，避免干烧；打开预热电源；根据菜品准备，摆好相应的取菜餐具；摆放菜牌，保证菜品与菜牌名称相符。

（三）餐中服务

1. 迎宾

礼貌向客人问好，请客人出示房卡到收银台刷卡，或开好账单，以备结账。

2. 酒水服务

（1）熟知酒水知识，善于观察客人的消费心理，合理地推荐酒水；对女士及儿童应主动询问是否需要软饮料或果汁。

（2）填写酒水单。在酒水单上记录客人桌号、人数及下单时间、日期、下单人；随时在酒水单上记下客人所点酒水；最后为客人重复一遍确认。

（3）接受酒水单。检查酒水单填写是否规范，是否有收银员的签名。

（4）发放酒水物资。根据酒水单上客人所点，三分钟内提供所需的酒水；随时补充冰镇酒水；如有某一品种暂时售完，可到其他的吧台办理内部借用手续，并经餐厅主管签字生效。

（5）斟添酒水。

（6）退酒水。客人就餐完毕仍有未用完的酒水，如果未开封，应主动为客人退掉；退酒水时，由服务员开退酒单，注明"退"字样，交领班签字后由收银员签字，连同酒水一起退还酒水员。

（7）寄存酒水。客人即将离开时，有开封后尚未用完的酒水，应主动询问客人是否带走或寄存。提醒客人酒水的保存期限。详细填写"酒水寄存卡"，登记客人姓名、联系电话、保存日期等，将客人联交给客人保存。对于超过寄存期限的酒水，上报主管处理。

3. 餐中服务

（1）按照正常的服务顺序，从客人右侧，为客人提供酒水服务、撤收脏餐具等，服务顺序为：先客人后主人，先上级后下级，老年人优先，女士优先；如果没有明显的主次之分，应从主宾开始顺时针服务。注意随时留意客人的提示。

（2）服务中手托托盘不停地走动，看到客人离座取食时，及时为客人撤下脏餐具。如客人餐盘内有未用完的食品，应询问得到允许后方可撤下。需要注意的是，客人使用的最后一道餐具、餐杯，不能主动撤下，以免让客人感到催促之意。

服务过程中要注意"三勤""三轻"，即手勤、眼勤、嘴勤，说话轻、操作轻、走路轻。

4. 餐台服务

（1）及时补充菜品、餐具。根据就餐情况，随时通知后厨添加菜品，保证供应；保证菜品质量，随时将不符合标准的菜品撤掉。

（2）随时巡视炉灶情况，发现保温设施有问题的，及时处理，保证菜品温度。

（3）随时清洁餐台周围的卫生，更换脏的垫碟、取菜器具等；主动为前来取菜的客人递送盘子、打开保温盖，并适时介绍菜品。发现有老人、儿童取菜时，应特别留意，随时帮助其取食菜品并送桌。

5. 制作咖啡

（1）准备工作。

①按照"吧台物资备量表"备足咖啡豆或咖啡粉、鲜牛奶、淡奶、各种袋糖、巧克力粉、搅棒、吸管、冰块等，如用咖啡豆需提前将咖啡豆磨成粉。

②按照"吧台物资备量表"备足咖啡杯、碟、勺、缸、壶、加热器等。

③咖啡机需提前通电预热并清洁干净，填写"咖啡及清洁记录卡"。

（2）制作咖啡。按照客人要求为客人制作各式咖啡，除冰镇咖啡外，咖啡必须达到足够的热度。

6. 制作鸡尾酒

（1）准备工作。备足各种酒水、调料及装饰物，备足各种器具，检查制冰机、咖啡机等设施设备运转是否正常。

（2）接受点酒。接受服务员的酒水单或客人直接点酒。

（3）调酒。

①根据客人所点酒水，按正确的酒水配方及制作方法为客人调酒。

②调酒原则：用料准确，用量精确，点缀装饰合理优美，不乱配酒水。

（4）填写鸡尾酒单。将所调的每一种鸡尾酒的原料逐项填写在酒水单上。

（四）结账

1. 如无特殊情况，收银员应在 5 分钟之内完成结账手续。

2. 接到客人要求结账的通知时，根据酒水单核对所有录入消费项目、酒水数量、品名是否正确。确认客人是否有贵宾卡，以便给予优惠。

3. 以上核对无误后，打印出账单，交给服务员转交客人结账。

（五）送客

1. 客人用餐完毕离座时，主动上前为客人拉椅，帮客人取来衣物，提醒客人带好物品，将客人送至餐厅门口，向客人致谢。

2. 检查桌面及周围有无客人遗留物品，如有，须立即送还客人，或交领导处理，同时填写"客人遗留物品记录单"。

（六）班后收尾

1. 清洁工作台、桌椅、酒水车的卫生，清洁餐具；摆好下班次餐具。

2. 按餐厅规定，补充各种餐具、布草、物品及易耗品。

3. 检查各类设施设备，确保无安全隐患。

4. 填写"宾客就餐信息反馈表"，记录客人喜好和习惯；填写当班"工作日报表"，记录当日服务工作中的不足和差错，以及对工作创新的建议等。

5. 交接班。填写"工作交接表"，将各类报表交当班主管。

五、酒水基本知识

（一）中国白酒

1. 白酒的定义

白酒以前叫烧酒、高粱酒，后统称白酒、白干酒。为什么叫白酒、白干和烧酒？白酒就是无色的意思，白干就是不掺水的意思，烧酒就是将经过发酵的原料入甑加热蒸馏出的酒。酒是多种化学成分的混合物，酒精是其主要成分，除此之外，还有水和众多的化学物质。这些化学物质可分为酸、酯、醛、醇等类型。

酒的度数表示酒中含乙醇的体积百分比，通常是以温度为20℃时的体积比表示的，如50度的酒，表示在20℃时100毫升的酒中，含有乙醇50毫升。表示酒精含量也可以用重量比，重量比和体积比可以互相换算。

2. 白酒的特点

中国白酒是世界著名的六大蒸馏酒之一（其余五种是白兰地、威士忌、朗姆酒、伏特加和金酒）。中国白酒在工艺上比世界各国的蒸馏酒都复杂得多，原料各种各样，酒的特点也各有风格，酒名也五花八门。

中国白酒与世界其他国家的白酒相比，具有特殊的不可比拟的风味。酒色晶莹透明，香气馥郁、纯净，溢香好，余香不尽；口味醇厚柔绵，甘润清洌，回味悠久，那爽口尾净、变化无穷的优美味道，给人以极大的欢愉。

3. 白酒的香型

（1）酱香型。亦称茅香型，以茅台酒为代表，属大曲酒类。其酱香突出，回味悠长，清澈透明，色泽微黄。杯中香气经久不变，空杯留香经久不散（茅台酒有"扣杯隔日香"的说法）。

（2）浓香型。亦称泸香型、五粮液香型，以泸州老窖特曲及五粮液为代表，属大曲酒类。其特点可用六个字、五句话来概括，分别是香、醇、浓、绵、甜、净；窖香浓郁，清洌甘爽，绵柔醇厚，香味协调，尾净余长。我国的白酒大多为此类香型。

（3）清香型。亦称汾香型，以山西汾酒为代表，属大曲酒类。它入口绵，落口甜，香气清。

（4）米香型。亦称蜜香型，以桂林象山牌三花酒为代表，属小曲酒类。其特点是蜜香清雅，入口绵柔，落口甘洌，回味怡畅。米酿香味明显，入口醇和，饮后微甜，尾子干净。

（5）其他香型。亦称兼香型、复香型、混合香型。此类酒大都是工艺独特，大小曲都用，发酵时间长。凡不属上述四类香型的白酒（兼有两种香型或两种以上香型的酒）均可归于此类。此酒的代表酒有董酒、西凤酒。口感特点为绵柔、醇甜、味正、余长。

（二）啤酒

啤酒是以麦芽为主要原料，添加酒花，经酵母发酵酿制而成的，是一种含二氧化碳、起泡、低酒精度的饮料酒。

1. 啤酒的度数

啤酒的度数实际上指的是麦汁浓度，即 12 度的啤酒是用含糖量为 12 度的麦芽汁酿造成的啤酒。成品啤酒的含糖量为 1.5%~2.5%，而啤酒的酒精含量多数为 3.5%~4%。德国啤酒中酒精浓度一般偏高，为 5%~9%，且苦味较重。

2. 啤酒的鉴别

（1）看：看酒体色泽。普通浅色啤酒应该是淡黄色或金黄色，黑啤酒为红棕色或淡褐色。

看透明度。酒液应清亮透明，无悬浮物或沉淀物。

看泡沫。啤酒注入无油腻的玻璃杯中时，泡沫应迅速升起，泡沫高度应占杯子的1/3，当啤酒温度在8~15℃时，5分钟内泡沫不应消失，同时泡沫还应细腻、洁白，散落杯壁后仍然留有泡沫的痕迹（"挂杯"）。

（2）闻：闻香气，在酒杯上方，用鼻子轻轻吸气，应有明显的酒花香气，新鲜、无老化气味及生酒花气味；黑啤酒还应有焦麦芽的香。

（3）尝：品尝味道，入口纯正，没有酵母味或其他怪味、杂味；口感清爽、协调、柔和，苦味愉快而消失迅速，无明显的涩味；有二氧化碳的刺激，使人感到"杀口"。

3. 啤酒的简单分类

（1）按酒的颜色深浅可将啤酒分为淡色啤酒、浓色啤酒和果啤酒。

（2）按生产方法可将啤酒分为熟啤酒（经过了巴氏杀菌）和鲜啤酒（未经巴氏杀菌）。另外现在还有一种只经过过滤除菌的啤酒，称为"纯鲜啤酒"。

（3）按发酵方式可分为上面发酵啤酒和下面发啤酒。

（4）按包装容器可将啤酒分为瓶装啤酒、罐装啤酒、桶装啤酒。

4. 啤酒的好处

（1）经常饮用适量的啤酒，有健胃、消食、清热、利湿、强心、镇静、杀菌等功能。

（2）啤酒是理想的营养饮料。啤酒中含有较为丰富的糖类、维生素、氨基酸、钾、钙、镁等营养成分，适量饮用，对身体健康有一定好处。

（3）啤酒不仅是优良的饮料，而且也是绝妙的调味品。啤酒调生粉，淋在肉片、肉丝上，由于啤酒中酶的作用，可使肉质更鲜嫩。烹调鱼肉时，用啤酒代替料酒，能够除腥增香，使鱼肉别有风味。

5. 常见啤酒

常见啤酒有青岛啤酒、燕京啤酒、嘉士伯、喜力啤酒、百威啤酒、虎牌啤酒、银子弹、蓝带纯生、太阳啤、科罗娜等国内国际品牌。

（三）葡萄酒

葡萄酒是以葡萄为原料酿造而成的酒，属于一种酿造酒，据推测起源于公元前 8000~ 前 6000 年的中亚地区。

1. 葡萄酒的传说

葡萄酒是自然发酵的产物。即葡萄榨碎后，不加任何菌种，让野生酵母自然繁殖，发酵成葡萄酒。传说古代有一位波斯国王，爱吃葡萄，曾将葡萄压紧保藏在一个大陶罐里，标明"有毒"，以防人偷吃。等到数天以后，国王妻妾群中有一个妃子对生活产生了厌倦，擅自饮用了标明"有毒"的陶罐内的饮料，滋味非常美好，非但没有结束自己的生命，反而异常地兴奋，这个妃子又对生活充满了信心。她盛了一杯专门呈送给国王，国王饮后也颇为赞赏。自此以后，国王颁布了命令，专门收藏成熟葡萄，压紧盛在容器内进行发酵，以便得到葡萄酒。

2. 葡萄酒的分类方法

葡萄酒的分类方法很多，现在我们经常用的方法是按葡萄酒中含糖量进行分类，可分为干葡萄酒、半干葡萄酒、半甜葡萄酒、甜葡萄酒。

（1）干葡萄酒。酒中的糖分几乎已发酵完，每升葡萄酒中总糖含量低于 4 克。饮用时觉不出甜味，酸味明显。

（2）半干葡萄酒。每升葡萄酒中总糖含量为 4~12 克。饮用时有微甜感。

（3）半甜葡萄酒。每升葡萄酒中总糖含量为 12~50 克。饮用时有甘甜、爽顺感。

（4）甜葡萄酒。每升葡萄酒中总糖含量在 50 克以上，饮用时有明显的甜醉感。

3. 葡萄酒的服务

客人点葡萄酒，服务员把酒送上来时，应大声读出酒的年份和名字。要让点酒的客人检视瓶子上的商标，看有没有上错。检验无误后要在桌前开封，把拔出的木松塞送给点酒者检视。检视完瓶塞，服务员应给点酒者斟上大约 1/5 杯的酒，以供点酒者试酒。

比较考究的试法，是先嗅一嗅，然后把酒荡一荡，再嗅，第一次感觉与第二次感觉均满意时再用口试，轻轻呷一口，让酒在口腔里留一会儿，以品味葡萄酒的优劣。如果有问题可提出更换，如果满意则可让服务员斟酒。斟酒要先从右方开始为客人斟，最后才给点酒者斟。斟完酒，酒瓶有商标的一面尽可能让每个客人都看得清楚。

4.主要产地及名酒

（1）法国葡萄酒。法国不但是全世界酿造最多种葡萄酒的国家，也是产生了无数闻名于世的高级葡萄酒的国家，其口味种类极富变化，故被美誉为"葡萄王国"。法国生产红酒的六大生产地分别是：波尔多（bordeaux）、勃艮第（Burgundy）、香槟（Champagne）、阿尔萨斯（Alsace）、罗瓦河河谷（Loire Valley）、隆河谷地（Cotes du phone）。

（2）中国葡萄酒。中国葡萄酒生产企业主要有张裕集团有限公司、王朝葡萄酒有限公司、长城葡萄酒有限公司。其中张裕集团有限公司位于山东烟台，葡萄品种主要有蛇珠、雷司令，著名产品有张裕解百纳干红葡萄酒、张裕雷司令干白葡萄酒、张裕味美思、张裕白兰地等。

（四）洋酒

洋酒是进口酒类的总称。它包括烈酒、啤酒、葡萄酒、利口酒（Liqueur）等不同品种。在此仅介绍部分烈酒。

1.白兰地（Brandy）

"白兰地"一词是泛指以果汁发酵蒸馏后制成的一种烈性酒。白兰地的家庭成员众多，以水果蒸馏制成的白兰地，在鸡尾酒调制中起着重要的作用。目前，通常所说的和市面所销售的白兰地大多是用葡萄蒸馏制成的。现在，全球各国几乎都生产白兰地。但是世界最好的和最受欢迎的白兰地还是在法国干邑和亚文邑这两个地区。其中干邑白兰地始终是大多数白兰地爱好者的首选。

所有白兰地酒厂，都用字母来分别品质，如：E代表"特别的"（ESPECIAL），F代表"好"（FINE），V代表"很好"（VERY），O代表"老的"（OLD），S代表"上好的"（SUPERIOR），P代表"淡色而苍老"（PALE），X代表"格外的"（EXTRA）。

白兰地在装瓶出售时，在瓶身或标贴上标示了酒的陈酿程度，一般有下列几种符号来表示贮藏年代：

★	3年陈
★★	4年陈
★★★	5年陈
V.O（very old）	10~12年陈
V.S.O（very superior old）	12~20年陈
V.S.O.P（very superior old pale）	20~30年陈
Napoleon（拿破仑）	40年陈
X.O（extra old）	50年陈，亦称特酿
X（extra）	70年陈

2. 威士忌（Whiskey）

威士忌的酿制是将上等的大麦浸于水中，使其发芽，再用木炭烟将其烘干，经发酵、蒸馏、陈酿而成。过程最少3年，也有多至15年以上的。造酒专家认为：劣质的酒陈年再久也不会变好的，所以，经二次蒸馏过滤的原威士忌，必须经酿酒师鉴定合格后，才可放入酒槽，注入炭黑橡木桶里贮藏酝酿。大多数威士忌在蒸馏时，酒精纯度高达140~180 proof，装瓶时稀释至80~86 proof，这时酒的陈年作用便自然消失了，酒的质量不会因时间的长短而有所改变。

几百年来，威士忌大多是用麦芽酿造的。直至1831年才诞生了用玉米、燕麦等其他谷类所制的威士忌。到了1860年，威士忌的酿造出现了一个新的转折点，人们学会了用掺杂法来酿造威士忌，所以威士忌因原料不同和酿制方法的区别可分为麦芽威士忌、谷物威士忌、五谷威士忌、稞麦威士忌和混合威士忌五大类。掺杂法酿造威士忌的出现使威士忌家族更加壮大，许多国家和地区都有生产威士忌的酒厂，生产的威士忌酒更是种类齐全、花样繁多，最著名、最具代表性的威士忌有苏格兰威士忌、爱尔兰威士忌、美国威士忌和加拿大威士忌。

3. 金酒（Gin）

金酒又叫杜松子酒，是世界第一大类的烈酒。金酒第一次被蒸馏获得是在17世纪早期的荷兰。金酒是把无味的中性酒精溶液和多种草药、香料混合起来进行二次蒸馏所得，其中杜松子是首选原料。当17世纪末英国士兵把这种酒带回英国时，他们根据杜松子的荷兰语发音（Genever）将其取名为金酒（Gin）。

荷兰金酒色泽透明清亮，香味突出，风格独特，适宜于单饮，不宜作鸡尾酒的基酒。英国金酒的生产过程比荷兰金酒简单，用食用酒精和杜松子以及其他香料共同蒸馏而得干金酒，酒液无色透明，气味奇异清香，口感醇美爽适，既可单饮，也可与其他酒混合配制或作鸡尾酒的基酒。金酒按口味风格又可分为辣味金酒、老汤姆金酒和果味金酒。

4. 朗姆酒（Rum）

朗姆酒也叫糖酒，是制糖业的一种副产品，它以蔗糖做原料，先制成糖蜜，然后再经发酵、蒸馏，在橡木桶中储存 3 年以上而成。根据不同的原料和不同的酿制方法，朗姆酒可分为：朗姆白酒、朗姆老酒、淡朗姆酒、朗姆常酒、强香朗姆酒等，含酒精 42%~50%，酒液有琥珀色、棕色，也有无色的。根据风味特征，可将朗姆酒分为浓香型、清香型。

5. 伏特加（Vodka）

水是伏特加中最重要的成分，伏特加即是从俄语中"水"词派生而来的，不同的水质可以使这种优雅的饮品拥有不同个性。俄国人始终认为他们国家河湖中的"活水"可以使伏特加与众不同。

伏特加开始是用小麦、黑麦、大麦等做原料酿造的，到 18 世纪以后就开始使用土豆和玉米做原料了。伏特加无色、无香味，具有中性的特点，不需贮存即可出售。由于伏特加无色透明，与金酒一样，可与其他酒类混合调成各种混合饮品和鸡尾酒。

在俄国和波兰，伏特加有很多昵称，比如：热水、波尔卡、苦东西等。伏特加只能存放于金属、陶器或玻璃容器中。与其他蒸馏酒不同，伏特加可产自任何地方，可以从任何发酵的碳水化合物中蒸馏获得（而白兰地必须是从果类中蒸馏，朗姆酒从甘蔗或甜菜中蒸馏，特基拉必须是从蓝龙舌兰中蒸馏，而苏格兰威士忌则要产自苏格兰，干邑要来自法国）。

6. 特基拉酒（Tequila）

特基拉酒也叫龙舌兰酒，产于墨西哥，它的生产原料是一种叫作龙舌兰的珍贵植物。特基拉酒有三个基本类型：白色特基拉、金色特基拉、褐色特基拉。最好的褐色特基拉从 100%"蓝龙舌兰"（Blue Agave）而来，价格和法国优质干邑白兰地相近。特基拉酒对墨西哥人来说是非常独特的，能被称作特基拉的酒必须是在政府指定的被称作火焰山的杰里斯科省（Jalisco）的特基拉地区生产。根据墨西哥法律正宗的特基拉必须含有至少51%以上"蓝龙舌兰"。

（五）其他类酒

1. 黄酒

黄酒是中华民族的瑰宝，历史悠久，品种繁多。历史上，黄酒名品数不胜数。由于蒸馏白酒的发展，黄酒产地逐渐缩小到江南一带，产量也大大低于白酒。但是，酿酒技术精华非但没有被遗弃，在新的历史时期反而得到了长足的发展

2. 绍兴加饭酒

绍兴加饭酒在历届名酒评选中都榜上有名。加饭酒，顾名思义，是在酿酒过程中，增加酿酒用米的数量，相对来说，用水量较少。加饭酒是一种半干酒，酒精含量15%左右，糖分0.5%~3%。酒质醇厚，气郁芳香。

此外，还有元红酒、善酿酒、香雪酒等酒都具有很高的品质。

（六）茶

茶是现代生活中必不可少的饮料之一。日常所饮用的茶叶主要分为绿茶、红茶、青茶、白茶、黄茶及黑茶六大类。之所以用颜色作为区分，是因不同茶类所呈现的茶汤色泽会有明显差异，大略分述如下：

1. 绿茶

绿茶属不发酵茶，具有优雅清香、味美甘醇、耐冲泡等特性，茶汤色淡，金黄中透绿意，是我国茶叶中产量最大的一类，其品种之多亦荣登世界之冠。绿茶按品质可分为大宗绿茶及特种绿茶；就其外观不同又可区分为针形、扁形、扁圆、卷曲和圆珠形；以加工时干燥方法之异，又可分为炒青绿茶、烘青绿茶、蒸青绿茶和晒青绿茶等。有名的绿茶有龙井、碧螺春、六安瓜片、蒙顶、君山银针、黄山毛峰、庐山云雾等。

2. 红茶

红茶是指经全发酵的茶，发酵度为80%~90%。红茶在加工时不经杀青，以萎凋使茶叶失去些许水分，再经揉捻成条或切成颗粒，然后使其发酵，让所含的茶多酚氧化，氧化后产生不溶于水的红色化合物积累在茶叶中，从而形成红叶、红汤的特色。红茶又有工夫红茶、小种红茶及红碎茶三大类。驰名的红

茶有祁红茶、滇红茶、英红茶等。

3. 青茶

青茶也叫乌龙茶，属于半发酵茶类，介于绿茶与红茶之间，发酵度为30%~60%。制茶时予以适当程度的发酵，使其具红茶的甘醇又有绿茶的鲜活。香气为果香或花香，茶汤色橙黄，依其发酵程度轻重偏青或偏红。我国著名的乌龙茶有武夷岩茶、安徽铁观音等。

4. 白茶

白茶指轻度发酵的茶，发酵度为20%~30%，是我国的茶叶特产，主产于中国福建。白茶于加工时不炒不揉，而是将长满茸毛的嫩叶经日晒或用文火烘干，完整地将嫩叶上的茸毛保留下来。茶叶成品色白如银，茶香清新鲜爽、汤色微黄，以白豪银针和白牡丹为白茶珍品。

5. 黄茶

黄茶是微发酵的茶，发酵度为10%~20%。其黄叶、黄汤的特色系经"闷堆"而成，茶香多为板栗香。代表茶有蒙顶黄芽、霍山黄芽。

6. 黑茶

黑茶属全发酵茶，其发酵度为100%。以粗老茶叶长时间发酵而制成，叶色呈暗褐色，茶汤色泽乌润，且具越陈越香的特性。黑茶以云南普洱茶最具代表性。

7. 花茶

花茶，又名香片，利用茶善于吸收异味的特点，将有香味的鲜花和新茶一起焖，茶将香味吸收后再把干花筛除。制成的花茶香味浓郁，茶汤色深，深得偏好重口味的北方人喜爱。最普通的花茶是用茉莉花制成的茉莉花茶。根据所用的鲜花不同，还有玉兰花茶、桂花茶、珠兰花茶等。普通花茶有用绿茶制作，也有用红茶制作的。

六、案例

【案例五】如何代结账

王先生一行六人晚间到达某餐厅就餐，由于是熟客，服务员在问清客人就餐形式后即按王先生要求为其上菜。就餐完毕结账时，王先生表示账单记到刘主任账上，并说已经跟刘主任说好了。由于当晚刘主任的确在酒店就餐而且与王先生是好朋友，以前也经常一起来酒店吃饭，看台服务员在追问了一句"您给刘主任说好了吗"并得到肯定答复后，便将该账单交到账台并嘱咐说跟刘主任的账一起结。但在刘主任就餐完毕签单时，却表现出对此事毫不知情，并且对服务员私自将别人的账挂到自己头上很是不满，拒不结账。

后经理出面给王先生通电话，婉转告知情况并请其跟刘主任亲自通电话确认一下，刘主任接到电话后最终买了单，但却始终表现出对餐厅工作的不满。

由于看台服务员在王先生说由刘主任代结账时，凭自己的感觉处理了此事，账台结账人员也未加核实即按看台服务员所说转账，结果造成刘主任的不满及餐厅工作的被动，事后餐厅针对此事做出以下规定，如再遇到有客人说自己的账由别人代结，一定要请客人自己协调，请结账人亲自给餐厅打电话确认，以避免造成客人的不满。

【案例六】客人特殊要求不容忽视

下午的班前会上，主管照例向大家介绍当晚的用餐情况，特别强调晚上将有一桌高规格的宴会安排在大宴会厅，要求服务人员尽心尽力、细致服务，确保服务工作万无一失。主管在布置时强调了一个细节，即其中一位女宾要求上白开水。服务员小王认为自己是老员工了，这样的接待参与了好多次，各种细节已非常熟悉，所以在开班前会上她思想走神了，对主管强调的事情没有放在心上，散会后就直接工作去了。

到晚宴开始时，小王才发现，在座的有4位女士，究竟是哪位客人上白开水却搞不明白，于是她端着白开水焦急地在原地打转，幸好主管在现场巡视，看到小王焦急的样子就明白了，将客人指给了小王，这样小王才把白开水准确地送到位。

【案例七】服务员也要懂菜单

一天，孙先生约同事到一家饭店吃饭。落座后，服务员递过菜单说："先生，请点菜。""有很多新菜没吃过，你们吃过吗？"孙先生看到了几个以前没见过的菜肴问同事。"没有，是有不少没见过的菜！"同事边翻菜单边回答。"这些菜肴都是本店新推出的，您在其他的饭店是吃不到的！"刚上岗的服务员小周热情地对客人解释道。

"原来是这样，那咱们今天就尝尝你们这儿的新菜。"孙先生说道，"这道'春色满园'听起来挺有吸引力，服务员，这是什么做的？"孙先生好奇地问，

"还有这道'佛跳墙',不知味道怎么样?"孙先生边翻动着菜单边问,等了半天未见回声,于是抬头望着小周,小周这才不好意思地对孙先生说:"我也不太清楚。""哦,我还以为你没听见呢。"孙先生说。"这道'豉油皇双明珠'真好听,是用什么做的啊?"在座的一位女士问道。小周脸变红了,无奈地笑了笑,说:"不太清楚。""那'金甲仔母虾'你总该知道了吧?"这时大家都扭头看向小周,小周的脸更红了,只知道说"对不起!对不起"。

小周的表现让孙先生非常不满:"你怎么什么都不知道,我们怎么点菜呀?就冲你这个样,我看你们的菜也好不到哪儿去!走!咱们不在这吃了!"孙先生和同事极不高兴地离开了这家饭店。

【案例八】复述客人所点菜品是必要的

王先生一家人到某饭店就餐。落座后,服务员小刘拿来了菜单,"先生,请您点菜。""你们点吧。"王先生对太太和孩子们说。"爸爸,爸爸,我点,我点!"儿子和小女儿一起喊道。"别着急!"妈妈对两个孩子说,"今天爸爸请客,你们都有份儿!""来个肉末海参、炸虾排、黑椒牛扒。"王太太说道。"妈妈,我要这个!""我要这个!"两个孩子指着菜单上的图片嚷嚷起来。小刘看了一眼,顺手记了下来。

"好,就这些吧!请快点上菜!"王太太对小刘说。

不一会儿,菜一道道地端了上来。"不对呀,服务员,你过来一下!"王太太指着桌上一道菜,叫住了刚要转身离开的服务员,"我们没点这道菜!"服务员对了一下点菜单,说:"没错呀!点菜单上写着有这道菜!""可我确实没点呀!"王太太强调说。

这时,值班经理连忙走过来,了解了事情的经过,原来是小刘把两个孩子指的菜也写了下来,而且在点完菜后忘了向客人复述所点的菜。

服务员在实际工作中,一定要重视复述环节,在每次点菜结束前都要把点菜单上的内容复述给客人听。同时,在复述时要注意复述的方式、语速、语气,以客人能够听清为目的。在复述结束时要礼貌地请客人确认,可以在复述完询问一下:"您看还需要添些什么"或"您看这样可以吗"等。

【案例九】撤台也要征求客人意见

李小姐全家人到某饭店为母亲过六十大寿。服务员小张递过菜单,李小姐特地为母亲点了最爱吃的"蟹黄豆腐""卤水拼盘",小外孙也要了自己最爱吃的"炸鸡翅"……一家人点了很多菜。凉菜齐后，热菜也陆续上来了。"这是'蒜香肉丝'，这是'溜虾球'，这是'炸鸡翅'，请慢用。"小张一边将菜端上，一边介绍菜名，不一会儿，桌上就摆满了菜。当小张端来蟹黄豆腐时，桌上已经没有地方放了，小张见炸鸡翅只剩下一小块了，就将这道菜撤下，然后将蟹黄豆腐摆上了。李小姐见小张撤走了还没有全部吃完的菜，心里想："还剩一块儿怎么就撤了呢?"小外孙见自己最爱吃的鸡翅被服务员撤走了，就对妈妈说："妈妈，我还要吃呢。"为了不破坏气氛，李小姐对孩子说："还有其他好多菜，也很好吃，来，给你块蟹肉"。

很快，小张又端上了最后一道菜炒三素，她见蟹黄豆腐剩得不多了，就将它撤下了。这次，李小姐看见老母亲脸上露出了不高兴的表情，实在忍不住了，生气地说："服务员，你也太勤快了吧?"小张愣了下，李小姐又说："刚才我就没说，这次你又来了，菜没吃完你就给我们撤了。"

小张听后恍然大悟，连声道歉，并将剩下不多的蟹黄豆腐换成了小盘，客人才没有继续追究下去。

【案例十】从智解"付款之争"看"满意加惊喜"

2004年5月8日，厦门航空金雁酒店西餐厅。一位李女士用餐完毕后来到收银员小林面前结账，这时一位男士走过来与她打招呼并抢着要为她买单，两人你推我让，一时场面颇为尴尬。在一旁观察多时的小林发现，这位李女士的确不想让人代劳，但又苦无良策为她解围。这时，面前的电话响了，小林接起电话应了两声后，放下电话对两位客人说："对不起，打扰一下，刚才中餐厅来电话说，这位李女士在中餐厅用餐的朋友已将账一并付过了。"两位客人听后相对一笑。那位男士离开后，小林忙跟李女士解释：刚才我观察到您并不想让那位男士替您买单，所以借着来电就替您解了个围，不知您介意否? 李女士微笑着回答道："你是个机灵的姑娘，幸好你帮我解了围。那位男士与我并不十分相熟，怎么能让他替我买单呢? 谢谢你，小林! "

【案例十一】汤为何变味了

某日中午，一位客人来到某高级饭店的西餐厅，坐下后，双眉紧锁，闷了好一阵，才点了一个行政套餐，然后从提包里掏出一沓厚厚的文件闷头看起来。第一道牛尾汤送上来后，客人一尝，满面怒容，把服务员叫过来，抱怨道："这里的牛尾汤我已喝过多次，今天的味道怎么变了样，这么咸，是不是换厨师了？"

服务员及时将此事告之领班，领班将汤送到厨房，厨师检查后认为不咸，且味道与以前相比亦没有什么变化。于是领班和服务员将汤拿回，并十分认真地向客人解释，确认此牛尾汤与以前所喝的汤出自同一厨师之手，属于正常口味。就这样领班与客人各持己见，引来了周围客人好奇的目光。这时客人的脸色越来越难看，气愤地请领班当场喝一口汤试试看，那领班却真的当着客人的面品尝了一匙汤，并再次确认自己的观点。客人见此情景，勃然大怒，认为饭店不信任他，当着众多客人的面，让其出了丑，拒绝付账，并扬言以后再也不来此餐厅消费了，对饭店声誉造成了极坏的影响。

第三部分

前厅服务流程与规范

一、总台接待、问询

（一）咨询服务

1. 掌握信息

（1）了解饭店相关情况及查询办法，包括饭店简介、各营业场所时间表、各部门电话表、各餐厅菜单、主要服务设施、目前的各种优惠政策。了解店外相关知识及查询办法。

（2）公共信息，包括市内主要旅游景点，飞机、火车、汽车等交通工具及交通路线情况，常用电话号码，国际国内长途电话价目表，汇率，以及其他客人所需要的信息。

（3）工作需要随时更新信息，每半年全面更新一次信息。

2. 提供咨询

（1）礼貌问候客人，如果事先知道客人姓名要用姓氏称呼客人。

（2）认真听取客人询问。如果客人所询问的事情自己可以解答，要详细回答客人；如果客人所询问的事情不能立即回答，不要对客人说"不""不知道"等，应当向客人表示抱歉，请客人稍等，迅速查找相关信息，向有关部门或有关人员咨询，如果需要采取进一步查找措施，请客人稍候或承诺具体答复时间。

（3）将询问的结果告诉客人，即便仍无答案，也要回复客人，并请客人原谅。

（二）接受预订流程

1. 电话预订

（1）接听电话。接到客人预订电话时，首先报部门："您好，预订中心。"然后礼貌地问候客人："您好，××先生/女士。"

（2）推销房间。耐心回答客人关于饭店服务项目、价格的询问，主动向客人介绍房型，抓住时机向客人推销。

（3）预订要求。当客人表示愿意订房时，询问客人预订要求，并做好记录，注意问清以下内容：

①客人抵离店的具体日期、时间及乘坐的交通工具、航班号；所需的房间种类、房价及数量。

②根据预订要求查看房间预订情况，落实在客人要求的订房期内是否有房可以出售。

③查询电脑时，不要只看当天是否有房，要根据客人的预订天数来落实；如果可以出售，记录客人的姓名、性别和国籍；记录来电订房人的姓名、公司名称及联系电话；询问客人是否需要订车或接机服务，说明收费标准，说明订房的保留时间。

（4）确认预订。复述客人预订内容，向客人核对确认，并向客人确认付款方式，如果需要转账的要及时查清签字有效人；确认订房后，向客人表示感谢。

（5）存档。根据预订要求，填写订房单；将预订信息录入电脑；将订房单按日期存入预订文档夹中。

预订部每向前台传递一个预订单，必须有出单人和接单人签字。

2. 传真预订

（1）了解预订信息。收到传真预订后，仔细阅读传真内容，清楚地了解客人的订房要求；根据预订要求查看房间预订情况，落实在客人要求的订房期内是否有房可以出售。

查询电脑时，不能只看当天是否有房，要根据客人的预订天数来落实。

（2）回复传真。预订期内无客人所需要的房间，建议客人预订其他种类的房间，以书面形式传真回复，并道歉；如果预订期内有客人所需要的房间，回复传真中应注明房价、为客人保留的时间、取消预订的规定等；如传真上有要求回复的时间，必须于规定的时间内予以回复：如果传真上有"加急"字样，必须马上予以回复。如果传真无"加急"字样，20分钟内予以回复。

每一个传真预订都必须用书面形式传真回复。

（3）存档。根据传真要求，填写订房单；将预订信息录入电脑；将传真和订房单附在一起，按日期存入预订文档夹中。

3. 更改预订

（1）了解客人更改预订信息。接到客人更改预订的电话时，仔细询问要求更改的内容，并做好记录。

（2）更改预订。得知客人要更改预订房的日期或增减房间时，先要查询客房预订情况，如果客人需要更改日期，而饭店当时客房已预订满，应及时向客人解释，告诉客人预订可以暂时放在候补预订登记表上，如有空房马上与其联系。

在有房的情况下，可以为客人确认更改预订，并填写订房单，记录更改预订代理人的姓名、联系电话。

（3）更改预订完成。感谢客人将更改预订的信息及时通知饭店；感谢客人的理解与支持。

（4）存档。找出原始订房单，把更改的订房单放在上面，其上注明更改字样，避免混淆；将更改信息输入电脑；把两张订房单订在一起；将订房单按日期存入预订文档夹中。

4. 取消预订

（1）接到取消预订信息。接到客人取消预订的电话时，仔细询问取消预订客人的姓名及抵离店日期和公司名称等。

（2）确认取消预订。按照客人提供的信息在电脑中查询。

询问取消预订代理人的姓名及联系电话，并在订房单上做好记录，详细注明取消的具体时间。

（3）处理预订信息。感谢客人将取消预订的信息及时通知饭店；询问客人是否要做下一阶段的预订，如果需要，按照"电话预订的程序"进行。

（4）存档。在订房单上注明"取消"字样，作为取消的依据，并写上操作人的姓名和时间，将信息输入电脑，将订房单按日期存档保管。

5. 接收订房单

（1）确认房间。预订员在接收订房单时，首先要看清订房单，确认订房期间是否有空房：如房间紧张，可作为候补订房单，并汇报当班主管处理。

（2）检查预订单。在有房的情况下，首先检查订房单填写内容是否符合要求，仔细核对客人姓名，订房单位名称，国籍、人数、房间数、种类，到店、离店时间及是否需要接送站，准确到店时间，房价及付款方式，是否含有早餐及早餐类型，是否有特殊要求或是 VIP，是否注明吸烟。如果已填写清楚，可签字接收预订。

将订房单的第二联交还营销代表，第一联留存。

（3）输入预订单。要求将订房单上的每一项内容认真输入电脑，并锁住所有预订房间。

如是团队预订，在团队抵店的前一天，与营销代表再次确认预订房间数及其他要求，并将房卡做好，同时确认是否有陪同间。

在团队抵店的前一天，给团队每个房间建立一个账号，并仔细检查。

（4）存档。按照订房单上的预订日期存入预订文档中。

6. 订房单存档

（1）订房单存档。将客人的订房单连同传真资料等，按照客人的预订抵达日期，存入预订档案夹中。

（2）更改订房单的存档。查询出客人的原始订房单；将更改后的订房单附于原始订房单上；按照客人的预订抵达日期或姓氏的英文字母顺序，存入预订档案夹中。

（3）取消订房单的存档。将带有"取消"字样的订房单找出，按照客人预订抵达的日期顺序，存入预订档案夹中。

（三）客人入住手续

1. 有预订的客人入住手续

（1）对客人的到来表示欢迎。主动问候，若事先知道客人的姓名、职务，应称呼客人的姓名、职务；确认客人是否需要办理入住手续或其他服务；若正在为其他客人服务时，应向客人示意"对不起，请稍候"，表示他不会等很久；如需要客人等候时间较长，请客人到大堂休息区等候，并向客人道歉。

（2）确认客人的预订要求。根据客人的姓名、协议单位等找出预订资料，并与电脑核对；简要复述客人的订房种类、住店期限、付费标准及方式、房价（是否含早餐）等。

若事先安排接车、订票等代办服务的，应与客人确认，并具体说明，有问题及时与有关部门联系。

（3）填写登记单。查验证件并核对预订单；请客人出示证件登记，进行证件扫描；填写登记单的同时完成房卡填写手续，请客人在登记单上签字确认房价；对第一次到店客人尽可能留下联系方式，并说明供建立客户档案用。

（4）分配房间、制作并准备好钥匙。操作电脑，从中找出相应房间号并输入，使客房信息处于住客状态。

若发觉客人身材特别高大或有残疾等，应通知有关部门做好针对性服务，并在登记本上作相应标记。

具体写明宾客姓名、称呼、房间号、房价、抵离店日期及经办人签名。若房费中包含其他费用（如餐费、交通费等），应向客人具体说明。

通过钥匙制作系统确认，发出钥匙。

（5）确认付费方式。费用自理的，除了符合免收预付款范围的客人外，均按预计住店天数收取定金。由公司付费的客人，根据接待文件中所列付费项目决定是否收取定金，并联系该公司签字有效人签字。

（6）向客人道别。将房卡及钥匙递给客人，告诉客人房间所在楼层及房间号，告知客人如有贵重物品，可寄存于总台贵重物品保险柜。指示电梯位置，请行李员引领，必要时亲自送客人进房间。祝客人住店愉快。

（7）通知房务中心。将客人所住房间号、人数通知房务中心，有关特殊要求一并告之。

（8）完成客人进店后的信息整理工作。将客人住店信息的登记单放入档案袋中，根据登记资料将客人具体信息输入电脑建立档案。

转账处理的登记单要求一式两联，放入款袋留存。

连房或多个房间一起的，将登记单按小房间号存放。

2. 无预订的客人入住手续

（1）对客人的到来表示欢迎。当客人抵达饭店前台时，主动问候客人，热情地向客人介绍饭店现有可供出租的客房房型和房价，供客人选择。如正在忙碌，应向客人示意"对不起，请稍候"，表示他不会等很久；如需要客人等候时间较长，请客人到大堂休息区等候，并向客人道歉。

（2）根据可供出租客房状况及客人要求推介相应房间。问清客人对房间的具体要求；根据客人的身份和要求，恰当使用推销用语；在客人犹豫时，灵活使用房务政策所授予的权限。

（3）填写登记单等程序同有预订客人的入住手续一致。

3. **团队客人入住手续**

（1）准备工作。对照订房单，核对房间安排是否一致。

在团队抵达前准备好欢迎卡和房间钥匙，检查钥匙是否好用，并与房务中心联系，确保房间为干净房。

根据团队的抵达时间分配房间。

仔细阅读团队订房单，根据单上显示的要求，把团队的房间尽量安排在同一楼层或相邻楼层。

（2）调整房间。客人抵达饭店后，与陪同核对团队名称、人数、房间数、有无订餐、付款单位名称等。根据客人实际到达情况重新检查房间数是否需要增减。联系团队协调人确认是否需要增加或减少，将增加或减少的房间号在订房单上标注出，通知房务中心、礼宾部，并输入电脑。

（3）登记入住。总台接待人员与营销部团队联络员一同礼貌地为团队办理入店登记手续。

①请领队出示团队签证或其他证件，做好证件扫描并填写团队登记单。

②将房间分配方案交给领队，经确认后请团队联络员在团队明细单上签字，总台接待员也需在上面签字认可，询问并记录该团的叫醒时间、早餐时间、出行李时间、离店的航班、车次、退房时间、行李是跟客人还是专车运送以及领队房间号等信息。

③询问付款方式，收取押金。

④通知房务中心团队客人入住。

⑤团队联络员和领队接洽完后，前台接待人员需要协助领队发放钥匙并发放宾客联系卡，以方便客人相互联系，同时告知客人电梯位置、早中晚餐地点。

（4）打印分房单。每一团队的房间分配完毕后，打印五份团队分房单，分别发放至：

①房务中心——通知房务中心打扫房间，保证团队到达前房间均已打扫干净。

②行李处——保证团队行李迅速、准确地送至客人房间。

③团队领队——详知团队队员住房的情况，以便联络、沟通、协调。

④团队联络员——以便准确地与客人及各部门之间保持联系。

（5）信息储存。手续完毕后，总台接待人员将准确的房间号名单转交礼宾部，以便行李发放。

做完所有事项后，及时将所有有关信息输入电脑中，团队房房价对外保密，电话、视频点播（VOD）全部关闭。

团队客人签单权限视情况而定。

4. VIP 客人入住手续

（1）准备工作。

①填写 VIP 申请单，上报总经理审批签字认可。

② VIP 房的分配力求选择同类客房中方位、视野、景致、环境、房间保养等各方面处于最佳状态的客房。

③在 VIP 客人到达饭店前，要将装有钥匙卡、欢迎信封及登记卡放置房务部经理处。房务部经理在客人到达前检查房间，确保房间状态正常，礼品发放准确无误。

④熟记 VIP 客人资料，内容包括：姓名、身份、国籍、到达时间、费用、接待方式、单位、部门、离店时间等。

⑤给相关部门下发 VIP 接待通知单，一式四份。

（2）迎接客人。重要的 VIP 客人由房务部管理人员和饭店指派的管理人员到门口迎接。有部分 VIP 客人直接到总台办理入住手续，要以客人姓氏称呼客人，及时通知房务部管理人员迎接。

房务部经理或副经理向客人介绍饭店设施，并亲自将客人送至房间。

总台及时通知房务中心，楼层管家及时在电梯迎接并引领至房间。

（3）信息储存。核对有关 VIP 资料的准确性，确认后，准确输入电脑。在电脑中注明是 VIP 客人，以提示其他人员注意。为 VIP 客人建立客史档案，并注明身份，作为订房和日后查询的参考资料。

5. 换房手续

（1）了解换房原因。当接到客人换房的要求时，要问清原因，一般的换房原因包括：

①房间设施出现故障。

②房间所处位置周围噪声太大。

③客人不满意房间周围的景色。

④客人的办事处或朋友所在房间与其相距太远。

⑤客人有亲属、朋友欲来同住。

⑥房价承受有困难等。

（2）满足换房要求。

①如果是饭店原因造成换房，要向客人表示歉意；迅速从电脑中找出符合客人要求的房间，若没有客人所需要的房间，要向客人推荐别的类型；按照客人的要求立即为其更换房间；通知房务部管家查房。

②如果是客人原因造成换房，迅速从电脑中找出符合客人要求的房间，将房间情况向客人作简要介绍，必要时引领客人去看房间；问清行李件数，请客人在房间稍等；在客人入住时通知房务部管家查房。

（3）办理换房手续。

①更换相应的欢迎卡和房间钥匙。

②填写换房单，分发给有关部门，并通知楼层管家，及时为客人更换客房内使用的物品。

③通知行李处，及时为客人换取行李。

④通知洗衣房，正确掌握客人的新房间号，以便及时将客人的洗衣送到新的房间内。

⑤通知楼层服务员，及时检查房间酒吧的使用情况。

⑥通知房务中心并做好记录。

⑦将客人原始"国内客人住宿登记表"或"境外人员临时住宿登记表"上的资料做相应的更改，并存入文档中。

⑧将新的欢迎卡、房间钥匙及换房单转交行李员送到楼层管家，并为客人换房。

（4）修改电脑输入资料，存档。将电脑中的原始资料做相应的更改；通知总机更改房间电话状态；更改客人押金单，调换档案袋；将换房单按日期存入文档中；填写换房记录，包括客人的姓名、换房原因、换房时间等。

6. 延期续住手续

（1）安排房间。当客人要求续住时，应查看是否可以满足客人需求。如当天房间已满，礼貌向客人解释，介绍客人到同星级饭店，或帮客人在预订单上做好候补记录，告诉客人一有空房马上安排入住。

如有空房，接受客人延住，查询续住期间该房间是否已被预订。如已被预订，根据实际情况给客人调房或调整预订。

（2）确认付款方式。确认付款方式后，请客人交预付金。如客人是通过旅行社订房的，应向客人说明续住期间的费用不同，并解释原因。

（3）办理手续。更改客人的欢迎卡和钥匙，通知楼层，并修改电脑资料。

7. 房租变更手续

（1）核对有关批示及房价。整理房租变更的有关批示；计算房租的差价。

（2）开具变更通知单。

①在变更通知单上应注明客人姓名，日期，房间号，房租由原来 ×× 元改为现在 ×× 元，说明变更原因及批示人的姓名和职务。若涉及房价增减问题，写明加收 ×× 元或减去 ×× 元及服务费 ×× 元，经手人签字。

②变更单经主管以上管理人员签字后发给收银处。

③将留存联按日期归档，有关批示的复印件转预订存档。

（3）修改信息。修改电脑信息中的房价及相应的电脑符号。

在电脑中输入有关说明，属于优惠房价的变更，要注明新价格的批示人姓名及职务。

8. 代付手续

（1）问清要求。问清代付客人姓名及房间号，问清被代付客人房间号及间数，问清代付内容，问清代付客人的付款方式。

（2）填写代付款确认书。在代付款确认书上逐项填写代付款人的姓名及房间号，被代付款人的姓名、房间号、抵离日期、代付内容及付款方式。填好的确认书交给代付款人确认，无误后请其在指定位置签名；若代付款客人为非住店客人，在完成以上步骤后将客人引至结账处办理有关手续。

9. **特殊要求报告程序**

（1）信息录入。把客人订房方面特殊要求的信息录入电脑，做出特殊要求报告。根据特殊要求报告的内容做好准备，包括通知房务中心加床，通知客房中心送礼品，为客人选择不吸烟房等。

（2）处理特殊要求。特殊要求报告上注明的任何事项，前台应尽量满足。若未能满足客人提出的要求，在客人到达饭店时需及时通知客人，耐心地向客人解释并致歉，以赢得理解。

（3）存档。前台接待处将此报告存档保存，以便日后查询。依照报告上的特殊要求，将所有有关信息输入客人的档案中。

10. **外籍客人入住信息录入**

（1）核对。每日 12:00、23:00 整理当日"境外人员临时住宿登记表"，并装订好。将"境外人员临时住宿登记表"逐一同电脑核对，检查输入是否正确。

（2）输入。核对完后，将"境外人员临时住宿登记表"输入公安局外管处的电脑软件中。如输入时发现"境外人员临时住宿登记表"填写得不正确，马上与电脑核对并予以纠正。输入时，要求不能有任何空项和错误。

（3）检查。输入完毕，将"境外人员临时住宿登记表"同电脑再次检查核对。

（四）其他手续

1. **登记单的存档**

（1）登记单存档。每日将客人登记单按编号排列好存档。

（2）取消登记单存档。在客人退房后，将登记单存档联连同账单一同报财务部。

2. **对内留言服务**

（1）接到留言。给住店客人的留言分为电话留言和当面留言两种。接到留言首先要向客人礼貌问候。

（2）记录。如果是电话留言，取出留言单，询问被留言人姓名、房间号、留言内容等，同时记录在留言单上，将留言内容复述一遍以确保无误。询问留言人姓名、公司名称、联系电话，同时记录在留言单上，并向客人表示留言将及时转达。在留言单上签上记录时间、记录者姓名。

如果是当面留言，取出留言单，请留言者写下留言，核对留言者及被留言者姓名、房间号、日期、时间等。在留言单上签上留言时间、经办人姓名。

留言单一式两份，一份留底备查，一份装入留言袋，并在留言袋上注明被留言人房间号、姓名。

（3）派送留言。如留言是交给预订客人的，在订房单上注明，在客人办理登记手续时转交客人，并请客人在派送留言登记表上签字。

如留言是转交住店客人的，先电话询问客人的情况，如果客人在房中，立即派行李员将留言送至客人手中，并请客人在派送留言登记表上签字。如果客人不在房中，当楼层管理员通知客人回房时，请行李员将留言送至客人手中，并请客人在派送留言登记表上签字。对于有时间限制的重要留言，如在15分钟内仍无法联系到被留言客人时，应立即上报，通过采取查询客人接待单位、礼宾员寻人、到房间确认等方式寻找客人，并将情况及时反馈给留言者。

3. 对外留言服务

（1）接到留言。如住店客人离开房间时要求给可能来访或来电者留言，请客人填写留言单；在留言单上注明留言时间及经手人。

（2）保存留言。将填好的留言单按照客人姓氏英文字母顺序存放在问讯处。

（3）转达留言。如果留言有具体的留言对象，有客人来取留言或打电话询问留言时，首先礼貌询问对方姓名、单位等，确认是留言对象时再转达留言。如留言无具体的留言对象，有客人询问留言时，直接将留言内容转达给客人。

4. 查询客人

（1）熟悉查询信息。要熟记重要客人名单和当日到达团名，熟记长住客的房间号和姓名。

（2）了解查询要求。当店外客人打电话要求查询住店客人时，询问店外客人姓名、公司名称等信息，对身份不明的查询者或者被查询的住店客人有保密要求时，谢绝查询。

（3）查询电脑。根据客人提供的信息查询电脑，查询客人的方法有以下几种方法：

①姓氏、名字缩写查找法，通常查中文名。

②姓氏查找法，通常查英文名。

③首字母查找法，通常作为模糊查询。

④公司账号查找法，通常查询某个公司的住房名单。

⑤查卡法，通常在住店高峰时使用，若电脑中查询不到，应马上查找"国内客人住宿登记表"和"境外人员临时住宿登记表"，以免出现客人已入住，但找不到客人的情况。

⑥查表法，通常作为手工查询，预防电脑死机或输入有误。

如查询不到客人时，不要急于答复客人，应继续在预订或客史资料中查询。

（4）答复客人。

①如查到客人，而客人已事先要求保密，则告诉查询者没有此客人。如客人无保密要求，先询问被查询客人是否接听电话，征得同意后，再进行转接。在电话转至客人房间之前，应向来电的客人说："××先生/女士，我帮您转至他/她的房间"。

②当要查询的客人不在时，询问客人是否需要留言，如需留言，记录留言。根据留言服务程序派送留言。

5. 接待访客

（1）确认被访对象。当有访客时，首先礼貌地询问被访对象的姓名及身份。

（2）处理。

①如果被访对象是住店客人，礼貌地询问是否已预约，如有预约，则电话通知住店客人；如未预约，需避开访客到办公室打电话征询住店客人意见。

如住店客人不在，请访客主动联系或在大堂等候或留言，并将留言送至房间。

②如果被访对象是饭店管理人员，问清访客姓名、单位，是否有预约，如有预约通知管理人员访客已到，并请访客稍候；如没有预约，需避开访客到办公室打电话询问请示管理人员是否接待访客，如接待，指引客人去约定的地点。

③如果被访对象是饭店普通员工，问清是否有特殊原因或急事，否则不予以转告，并告诉来访者上班时间不能接待；如确有急事可帮助来访者查找该员工。

6. 转交客人物品

（1）了解客人要求。询问客人欲转交物品性质，如客人需转交大件行李或物品，请客人到礼宾处办理手续；如客人需转交现金等贵重物品，请客人到收银处办理；如客人需转交一般物品，则询问客人姓名、房间号，转交对象的姓名、房间号、提取方式及时间、注意事项等。填写"转交物品委托书"，并请客人签字，留下客人的联系方式。

（2）存放物品。根据"转交物品委托书"填写"转交物品登记表"；将"转交物品委托书"挂在所需转交的物品上，便于查找；将客人需转交的物品存放到转交物品橱内。

（3）交接物品。每班次交接时，根据"转交物品登记表"核对转交物品橱内客人所要转交物品的数量、件数、有无破损等；确认无误后在"转交物品登记表"上签字确认。

（4）转交物品。如果客人要求送至转交对象房间，询问楼层管理员客人是否在房，如果客人在房，请行李员直接将物品送到客人房间，并请客人在"转交物品委托书"上签收；如客人不在房间，请楼层管理员及时通知客人的回房时间。

如果客人要求自取，当客人来取物品时，核对客人身份无误后，请客人在"转交物品委托书"上签收。

如果客人未在要求的时间内领取物品，应打电话通知客人来取。

7. 紧急情况暂停电脑时所需报表处理

（1）报表的打印分发及使用方法。发生特殊情况需紧急暂停电脑时，前台人员马上打印所需报表，包括：

①住店客人名单（按字母顺序），四份。

②住店客人名单（按房间号顺序），四份。分别发送至问询处、总机室、接待处、商务中心，以便查询客人的房间号码，掌握客人住店期间的情况。

③预抵客人名单，一份，发送至前台接待处，当客人办理入住登记手续时，前台接待人员核查此表中的客人姓名、住店日期、房费等情况，尽快为客人办理入住手续。

④全饭店房间状态明细表，一份，发送至接待处，由接待处掌握全饭店房间的分配，以便饭店房间在电脑暂停期间的统一控制。

⑤住店客人费用明细报告，一份，发送至前台接待处，客人结账时，需查清报表上所显示的客人总账，并问清客人是否发生其他消费，向客人解释清楚发生的情况。在手写账单的情况下，需向客人索要名片，由结账处寄出电脑打印的新账单。如在电脑系统完全正常的情况下，发现电脑账目与实际客人所支付账目不符合时，须向财务部说明原因，由财务部与客人联系，处理差额部分的账目，同时与其他收银点确认是否有未转入账目。

⑥预离客人明细账单，一份，事先为当天预离客人打印明细账单。

（2）查阅报表。总台接待人员仔细查阅报表，分清报表的使用范围及方法，尽量向客人解释原因，赢得客人的理解与支持。

8.贵重物品保险箱的使用管理

（1）为客人建立保险箱。请客人出示房卡或钥匙牌，以证明其为住店客人，只有住店客人方可免费使用贵重物品保险箱。

递给客人一张空白保险箱登记卡，请客人在登记卡上逐项填写，包括：房间号码、姓名、家庭住址、使用人签字、日期、时间等。

（2）存入。员工检查登记卡，保证无漏项后，递给客人一把保险箱钥匙，并将钥匙号码填写在登记卡的右上角，同时签上自己的姓名。用由结账员掌管的保险箱母钥匙和客人的子钥匙一起，帮客人打开保险箱。并向客人讲清楚要保存好子钥匙，如遇到钥匙丢失，应付一定的赔偿费，当面将物品放入箱内锁好。

（3）登记。客人存放物品完毕后，员工在保险箱记录登记本上逐项登记，包括：日期、保险箱号、客人房间号、客人姓名、开箱时间、员工签字。在客人填好的登记卡上，把客人姓氏的第一字母填写在登记卡的右上角，并将登记卡按英文字母顺序存档。

（4）客人取存物品。按照客人姓氏的第一个字母和保险箱号找出客用贵重物品登记卡，请客人在此卡背后的使用栏中签字。检查客人的签字和登记卡上的签字，两次的笔迹相符方可开箱取物。

替客人打开保险箱。

员工在登记卡上签字，并注明日期、时间。

将此卡放回存档处。

（5）存档。按照客人姓氏的第一个英文字母顺序存档。

如果是两人或两人以上共用一个保险箱，只须其中一人来填写登记卡，并用姓氏的第一个字母进行存档，其他客人则须在登记卡上签字。其他客人存取物品时，须讲明登记者的姓名，以此为据查寻。

（6）客人取消保险箱。按照客人姓氏的第一个字母和保险箱号码找出客人的登记卡，请客人在此卡背后"结束使用保险箱"处签字认可。核对客人前后签字笔迹是否相符，如相符方可开箱。客人从保险箱取完物品后，工作人员再次检查保险箱，确保客人物品已全部取走，然后锁上保险箱，将保险箱子钥匙放回存款柜中。

工作人员在客人取消的登记卡中间的空余栏目中划上"Z"取消其使用空间，在取消保险箱登记本上逐项登记，包括：日期、房间号、保险箱号、时间及工作人员签名。

把登记卡存档，并于每周一上午交有关部门复查。

（7）核查钥匙。每日核查保险箱钥匙。每日查看客人寄存登记卡，以便客人离店前由结账人员提醒客人退还保险箱钥匙。

9. 交接班

（1）阅读交接班日志。阅读交接班日志，掌握并熟记当天的 VIP 客人、团队数等事宜。对交接内容不清楚的应当面逐条了解清楚，便于本班次处理落实。

（2）处理上班次遗留问题。及时处理上一班次遗留的问题，并将处理情况详细记录在交接班日志上；不能解决的问题应及时汇报当班主管。

（3）补充备品。每日下班前应清点并补充表格、办公用品、钥匙等备品。表格应包括"国内客人住宿登记表"3 本、"境外客人临时住宿登记表"1 本、欢迎卡不低于 100 张、预订单 2 本。办公用品包括计算器 1 个、订书机 1 个、胶水 1 瓶、大头针 1 盒、曲别针 1 盒、订书钉 1 盒、印泥 1 盒、信封 1 个、复印纸 1 盒。其他：各类印章、欢迎糖 1 盘。

（4）清点钥匙。清点钥匙数量是否正确，将钥匙数补足。

（5）填写交接班日志。在交接班日志上，填写本班次未能及时完成的工作、重要客人情况、饭店和部门新下发的有关规定和通知等。注明交接日期、时间，并由交班人和接班人签字确认。

二、总台收银

（一）班次交接

1. 阅读交班本

交接班时阅读总台收银员交接班本，掌握各项交接事宜，并在交接班人一栏签字确认。

2. 处理待解决问题

本班次可解决的问题在第一时间内解决，并将处理情况在总台收银员交接班本中作翔实记录并签字确认。

3. 交代待处理问题

在总台收银员交接班本中记录有待下班次人员解决的问题并签字。

4. 款项交接

（1）交接库存现金：交接款项总额＝备用金＋本班收银员经手明细表中现金＋外币＋负账＋兑奖经手明细表中押金总额。

（2）单据交接，包括收款收据本数，结账卡单份数。

（3）住客押金交接，包括支票张数及担保人，外币押金交接，会议提前交押金。

（4）信用卡单：已经退房的还给客人。

5. 交接收尾

在总台收银员交接班本中注明交接日期、时间，并由交班人、接班人签字确认。

（二）班前准备

1. 准备物品

准备应备备用金（充足的零、整钞），信用卡签购单，POS 机，发票，办公用品（打印纸、色带、客用账单、信封、发票机、验钞机、未开发票登记本、大头针、曲别针、订书机、订针、印泥、作废印章、圆珠笔、签字笔、计算器、复写纸、刷卡机、烟灰缸、抹布、垃圾筒、垃圾袋），表格，备用单据（杂项费单、押金丢失单、客房赔偿单）。

2. 检查设备设施

检查电脑、打印机、POS 机、验钞机、发票机等设备设施是否正常运作，调整刷卡机日期，检查电脑运行时间（误差在 2 分钟之内属正常）；检查发票与电脑上号码是否相符，检查色带是否打印清晰。

3. POS 机签到

打开 POS 机正确输入开机密码，进入使用状态。

（三）预付金收取

1. 确认付款方式

当客人入住时，首先应根据订房单中所注明的付款方式明确客人如何付预付金。

2. 计算

应收预付金 = 执行房价 × 1.5 × 入住天数

3. 收取

（1）现金支付。为客人开出一式三联的客房预付金收据，其上注明客人姓名、房间号、付款日期、付款金额（大小写）、收款人，然后请客人在付款人处签字。

填写完毕将预付金收据白色一联双手递给客人，并说："先生 / 女士，这是您的预付金收据，请收好，待结账时凭此收据结账。"

将预付金金额录入相应房间，系统会自动记录此笔预付金的输入时间、收银员的工号，录入完毕将黄色一联转交财务。

（2）支票支付（仅限协议单位或团队客人使用）。首先须检查以下内容：票面有无折痕，支票中是否有付款单位开户行名称、签发单位账号、磁码，数字等有无涂改，填写日期是否大写且符合规范，是否在使用的有效期内（有效使用期为十天，节假日不顺延），密码支票要查验是否填写好密码，支票上的印鉴是否油印的财务专用章和法人章。

检查无误后，请客人在支票背面使用钢笔背书，背书内容包括：客人姓名、有效证件号码、单位地址、联系电话以及家庭住址，并将联系方式移交财务部。

为客人开出预付金收据。预付金收据与支票一同放入抽屉内保存。

（3）信用卡支付。辨别信用卡的种类，核对是否在饭店目前可受理的信用卡范围内（目前一般可受理长城卡、牡丹卡、龙卡、太平洋卡、金穗卡、大来卡、维萨卡、万事达卡、JCB 卡、运通卡、发达卡）。

确认该卡有无打洞、剪角、折断，是否完好无损。查对有效期限，到期日为卡上所印月份之最后一天，过期卡所产生的交易无效。查对该卡是否列入最近的止付名单或紧急止付名单，如果被列入，予以没收。

4. 录入

（四）单据接收入账

1. 审核

接收各营业场所转交的账单。

2. 收款

（1）挂房账：将房间号与客人签名同电脑内相应的客人资料核对，核对无误后，在账单上注明"挂账"字样。

（2）挂应收账：确认该单位是否挂账协议单位，签单人是否指定的签字有效人，是否有承租单位经理同意挂账的签字，核对无误后，在账单上注明"挂账"字样。

所有单据审核完毕，收银员在账单上签字，并将底联交还送单部门留存。

3. 入账

（1）住客消费入账

①录入房间号码。

②正确录入消费金额。

③录入完毕，将账单放入客人账夹内留存。

（2）挂应收账及现金结算入账

①进行账务处理。

②正确录入消费金额。

③录入完毕，将单据附在账单上转交财务审核。

（五）结账

1. 退房

通知客房查房。

接过总台人员传递过来的预付金收据，盖上作废章。

用委婉的语气询问客人是否用过客房酒吧的商品，并据此入账。

2. 结账

核对房卡上房间号、房价、服务费等与电脑内相关信息是否相符：根据备注信息提示及客人要求打印账单；请客人审核账单确认付款金额，并在账单上签字；如无特殊情况，要求收银员在3分钟之内结账完毕。

3. 根据付款方式栏提示询问客人的付款方式

（1）现金结算。

如客人使用现金结算，当面清点现金，并做到唱收唱付。

（2）信用卡结算。

如果客人出示的信用卡为国内卡：

将客人的消费总额、持卡人身份证件号码、特约商户号码明确记入签购单上。刷卡完毕，根据签购单上提示将持卡人存根交给客人，将剩余三联留存待转交财务。如客人消费超出授权限额，需电话授权，程序如下：

①根据不同的信用卡种类选择相应的授权电话。

②拨通电话后，向对方说明授权，依次报出商户名称、卡号、有效期、身份证（护照）号码、消费金额。

③授权中心给予授权号码。

④确认无误后，填入信用卡签购单的授权号码栏。

⑤授权完毕，该卡在所授权的金额内可以使用，如果授权中心拒付授权金额，应及时与客人联系说明情况，请客人改用其他方式支付。

如果客人出示的信用卡为国际卡：

①一般交易：用于客人的一般持卡结账，刷卡后，核对卡号及有效日期，输入消费金额，打印出签购单请客人签字，即完成交易。

②离线交易：用于已进行预先授权的交易在实际结账时的操作。启动"离线交易"功能键，刷卡，核对卡号及有效期，如客人结账金额低于预先授权金额，直接输入实际结账金额，输入预先授权号码，POS机会打印出签购单，完成此笔交易，请客人在签购单上签字即可。如果结账金额超过预先授权金额时，要将预先授权部分作离线交易，余额作一般交易处理。

③取消交易：当客人进行刷卡交易后，又改用其他付款方式结算，可启用该功能键，输入签购单上的查询号码可取消该笔交易，打印出签购单后，须将交易与取消的两份签购单一同交给客人或当客人面同时销毁。

④重印签购单：操作时，由于打印机未连接好，或其他原因签购单未打印清楚时，应使用此功能。

（3）支票结算：将客人入住时所押支票出示请客人再次确认，将客人消费金额填写在支票上。

（4）挂账：如客人要求挂公司账，须请客人出示挂账卡或请客人提供单位名称，并查询合同，核对卡号及签字生效人，核对无误后，请客人在账单上签字确认。如客人无挂账合同要求签单挂账，可请饭店有关管理人员提供担保并予以挂账。

4. 开发票

根据客人要求开具发票，发票须依次填写客户名称、年月日、项目、金额小写、大写及收款人签字。

5. 道别

将客人账单及发票第二联折叠好放入信封内双手递给客人，向客人道别："先生 / 女士，您好，您的房间账务已结清，这是账单及发票，请收好，谢谢！"

6. 结账

待客离开后，进行账务处理，结账封户。

（六）住客超限额催收

1. 查阅

在规定时间内根据现住客人余额，查阅住客消费情况是否超出预付金额度。

2. 催收

（1）如客人使用现金作预付金，费用不足以支付当天房费，或信用卡作预付金，费用超出信用限额，银行拒绝授权等情况应采取以下措施：

①明确客人入住的归属部门及联络人。

②将落实情况逐级进行汇报（总台收银—总台督导—房务部副经理—房务部经理—营销总监）。

③及时通知相关部门及联络人，并确认可否采取催收方式。

④如经请示汇报可进行催收，需采取书面催收的方式进行。

⑤前台收银填写催款通知书，将催款通知书及客人消费账单放入信封内，催款时间为 14:30~18:00。

⑥由行李员协助转交到客人房间的床头柜上。

⑦须填写前台收银催收通知书发放登记表，详细登记发文日期、时间、房

间号等信息并请行李员签字。

⑧行李员送达房间后，应在表格上登记送发时间，并请接收人签字。

⑨如实填写前台收银催收记录，登记催收日期、时间、房间号、客人姓名、催收方式、次数、客人答复情况、催收结果、催收人等信息，以备查阅。

（2）对长住客及与销售部签订合同的团队，按合同规定条款进行付款，如逾期不付，应会同市场营销部视情况进行催收。

（七）当日入住客人资料核对

1. 审核

核对住宿登记表与预订单中的下列内容与电脑中登录信息是否相符：

（1）房间号。

（2）姓名。

（3）抵离店日期。

（4）执行房价 / 类型。

（5）折扣率。

（6）预付金支付方式。

（7）客人签字。

（8）有无早餐。

（9）有无特殊结账方式要求或特殊要求。

（10）客人类型：散客 / 协议散客。

（11）客人的身份：VIP/ 保密身份。

（12）客人的房间若属于"免费房"，是否点"免费房"。

2. 存放

以上内容审核完毕，在住宿登记表中签字确认，并放入客人的账单夹内。

（八）延期离店账务处理

1. 退房时间

饭店国际惯例规定的退房时间为中午 12:00，18:00 之前退房需加收半天房费，18:00 之后退房需加收全日房费。

2. 退房手续

（1）客人事先声明要延时离店：收银员无权批准客人延时离店，应将此信息向上级汇报；收银员根据房务部副经理、经理签字审批的延时离店通知单做账务处理。

（2）客人未事先声明延时离店：客人办理结账手续时，应向客人耐心解释饭店关于延时离店的规定，若客人对上述规定表示异议，收银员应及时通知部门管理人员出面协助解决。

（九）他人代付款项结算处理

1. 入住

（1）由与之同来的客人支付。客人入住时，明确同来人的代付关系，并征得代付人同意；

请其在代付费用房间的房单上签字认可，在电脑备注一栏内注明"B代付A"。

（2）由外来单位为住店客人付款，需外来单位替客人交预付金，并要求代付人在客人入住登记表中签字确认。

2. 结账

先进行确认，如A方先结账，需打印出A方账单让代付方B在账单上签字确认后，转入B账户，A方可离店；如A、B方同时结账，按照客人要求分别打印出两个房间的账单或将两个账单合并打印，请代付方B确认后，付清款项；如代付B方先结账，应征询B方如何为A方结算费用，并按其要求予以操作；若B方先结账后，A尚未离店，须另收取押金。

（十）当班账务核对

1. 打印报表

（1）打印当班收款报告，打印经手明细账，核对当班收到的各种款项是否相符。

（2）打印当班押金对账表，核对当班收取及清退的押金额。

2. 核对POS机账务

（1）将当日使用POS机受理的信用卡按不同卡种进行分类。

（2）可直接将经手明细账与总额核对。

（十一）调房资料调整

1. 审核调房单据

接到总台接待转交的调房通知单，确认原房间号及调整后的房间号后，在其上签名留存一联，其余联次交还接待员。根据调房通知单核对电脑内房间号、房价 / 类型是否已作修改，且客人姓名、房间号是否与电脑中一致，备注中是否有"从 × × 房间调入"的提示。

2. **调整调房资料**

审核完毕，将客人预付金收据或签购单上的房间号更改为调房后的房间号；将原账单夹中的账单取出同调房单一并放入新房间号对应的账单夹内。

（十二）团队会议结账

1. **准备**

（1）明确团体、会议接待通知单中的内容：会议或团队名称、抵离店时间、人数、用房数、房价、用餐标准、用餐时间以及其他设施的使用收费标准、付款方式及付款单位。

（2）事先掌握本团队、会议的代码，房间分配情况及代付款项，并检查电脑内相关项目的录入是否正确，是否已经做好团主签单，个人账户签单是否清空。

（3）掌握客人的具体退房时间，提前了解客人的欠款情况及预付金情况。

（4）明确会务组或陪同领队的房间号以及会议统一签字有效人的姓名。

（5）客人离店前一天晚上，夜班人员应按次日离店客人报告整理好客人的账单及预付金收据、预先授权的签购单。

2. **结账**

团队要退房时，对该团队总账户成员进行团队快速离店处理；离店成功时，电脑会打印出一份团队所有房间消费余额清单；通知总机关闭电话，客房查房，并予以挂账；打印消费余额清单中余额不为零的房间账单；由支付人付款后进行结账处理；所有团队成员结算完毕后，检查房间钥匙是否全部收回，欠款是否结清，房间是否全部作结账处理，检查转入领队或会务组账户的费用是否正确；核实无误后进行团队总账号的结账。

（十三）长包房结账

1. **掌握合同**

前台收银员应全面掌握在店所有长包房的有关合同规定，诸如执行房价、代付费用款项、住店时间、结算周期、付款单位、付款方式等。

2. **处理账务**

（1）每周六负责核对客人房间所挂入各账项是否与原始单据吻合，且符合签单手续，如有不符应及时查明原因，尽快解决。

（2）对部分长包房公司付款部分，每月按合同规定与公司进行结算。

（3）客人自行付款的部分须由客人在入住时预付当月预付金，待月末最后一天进行结算，并预付下月预付金。

（4）将长包房付款情况详细登记在长包房日记中，以备查阅。

（十四）特殊房间处理

1. 检查

每日 13:30，前台收银员将当日离店客人报告与当日预离客人报告核对是否尚有未离店客人，并应及时落实缘由。

如果存在既非延期离店又无其他原因却尚未离店的房间，应与客房确认房间是否还有住客。

2. 处理

（1）如房间无客人，应请客房再次查房确认，确认房间无人、无行李，及时采取相应措施。先通过订房单查找客人的联系方式与客人取得联系，询问客人是否需延期入住或将房间作退房处理；如不能与客人取得联系，应根据订单确定饭店方面联络人，告之缘由，设法与客人联系；如确实联系不到客人，应逐级请示汇报，寻求解决办法。

（2）在得到客人或上级许可后将房间作退房处理时，先查看客人预付金情况，如客人使用现金作预付金，且预付金足以支付欠款，可直接将房间账务结清，余款挂特殊账户处理，记入客人账户，待客人再次来店时予以返还。如客人使用信用卡作预付金，可将房间账务挂应收账处理，信用卡单随账单一同妥善保存，待客人再次来店时予以结算。如客人无预付金，可暂时将房间账务挂应收账，并跟进催收，同时查询担保人。

（3）将特殊房间处理情况在"特殊房间处理情况记录"中进行登记，登记内容包括：日期、时间、房间号、通知人、经手人、批准人、处理结果等。

（十五）打印报表

1. 审核

将当日所输入电脑中的信息核对无误后，方可打印。

2. 打印

早班、夜班每个班次在交班前把相关报表一一打印。

3. 整理

报表打印完毕，如果有变化，必须马上在报表上做出修改或补充。按照各部门所需报表的数量装订整理。

4. 分发

每日经主管检查无误并签字后，由行李员下发至各部门。

5. 存档

每日由夜班收银员将夜班报表按日期存入文档中。

（十六）班审报账

1. 打印明细账

打印两份经手明细账：一份放夜审，一份投款袋。

2. 核对账额是否相符

核对已刷的卡单与经手明细账的刷卡金额是否相符；预付金单上的金额与经手明细账上的金额是否相符；转应收账单上的金额、单位名称与经手明细账上的是否相符。

3. 班审

（1）打印冲销明细表一份（放夜审），转应收明细表四份：一份放夜审，两份投入出纳款袋，一份投入应收负责人款袋。

（2）清点备用金。

（3）班审，打印两份贷方和借方审计表。

4. 报账

（1）根据封皮上的项目填写外币种类、张数、金额，卡单种类、张数、金额，人民币种类、张数、金额，支票张数、金额等，最后在负责人处签字。

（2）将转应收账单、转应收明细表一份单独封闭于一个款袋。将现金、预付金单、卡单、外币、支票、一份贷方审计表、一份借方审计表、转应收账单、转应收明细表两份、经手明细账等封闭于一个款袋并按规定填写款袋封皮。

（3）将两个款袋投到保险箱，将一份贷方审计表、转应收账单、转应收明细表两份、经手账明细表等封闭于一个款袋并按规定填写款袋封皮。

（十七）拖后账账务处理

1. 转拖后账的权限

如有需要转入拖后账的账项（包括营销员通知），必须报部门经理，经理同意后方可转入，并须部门经理、担保人在账单上签字证明。

部门经理签字的账单须一式两联，一联总台收银员保管，待客人结账用，一联与每天打印的旅行代理公司、特殊账户余额一览表附在一起交夜审处。

2. 催收、转账要求

（1）对于转入拖后账的账项须在 15 日内收回款项，最多不能超过 1 个月，收银员有义务每天催要，并将催收情况进行记录，总台主管负责检查并将情况及时报部门经理。

（2）转入拖后账的账项必须按明细账户转入（每个客户设置一个账户），不允许转入总的前台暂转未结账，前台暂转未结账账户余额应为零。

（3）每月 20 日总台收银员须打印一份旅行代理公司、特殊账户余额一览表，与主管共同将未收回的账项注明原因及欠款时间，经部门经理审核签字后交到财务部收银处。

（十八）转应收账务处理

核对转应收账务外围签单账项并报账。

（十九）免费房账务处理及内部账报账

免费房在客人退房后三天内找相关领导签字，并要求注明客人的名称或单位名称；每月月末将内部招待费报财务部。

（二十）早餐票发放

早餐票由专人领取，并由专人负责保管。

（二十一）转交单据审核

1. 账单序号检查

根据各收银点转交的每份账单的账号进行排序检查；如其中出现账号不能连贯排列，应通过电脑查询单据账务处理是否属正常操作；如属非正常操作应查明原因并逐级上报。

2. 消费项目录入检查

将每份账单所附的原始单据与总账单进行核对，检查客人消费项目是否有漏输、多输等现象；审核住店客人挂账的每一张分账单房间号码是否一致，其他非挂账账单的所开台号是否一致。

3. 作废单据审核

对收银员上交的作废单据审核是否有部门主管以上人员签字，副联是否齐全。

4. 单据更改内容检查

核查酒水单、点菜单更改内容是否有餐饮等部门主管以上人员签字确认。给予减免或是打折的项目是否有经理的签字。

5. 填制表格

如审核中发现问题，及时查找原因，并通知当班主管协助处理解决；将审核结果填写在夜审工作日志中。

（二十二）夜审前准备

1. 夜审前开关电话

夜审前 10 分钟关闭总机电话计费系统，夜审后 10 分钟内开启电话计费系统。接待员在 24:00 时电脑接待系统关闭之前书面记下各种类型的可售出房间号码，在电脑系统重新开启之前书面记录房间号码出售房间，每售一房将所售房间号做上明显标记。

2. 日报表的填做

夜审期间准确打印各类报表：

（1）前台账房按账项实收报表。

（2）外围站点现付／应付发生及收回报表。

（3）应收账户按账项实收报表。

（4）现住客人一览表。

（5）当日到离客人一览表。

（6）全店客人房间号表。

（7）维修房及非出租房一览表。

（8）账项合计报表。

（9）账项明细报表。

（10）试算平稳表。

（11）全店营业报表。

（12）旅行代理公司、特殊账户余额一览表。

（13）客人余额一览表。

（14）团主账户余额一览表。

3. 根据报表数据制作营业收入日报表

三、案例

【案例十二】外国客人入住，先验证件再留宿

某日，一位外国客人来到饭店要求安排住宿，总台服务员请这位客人出示证件，并递给他一份"外国人临时住宿登记表"，请他逐项登记。

客人要求住宿 5 天，但服务员查验护照时，发现签证马上要到期，如果住宿 5 天，其签证就会过期。服务员立刻提醒客人，其护照的签证日期马上到期，请他务必于次日去公安部门办理签证延期手续，这位客人当时一口答应。

第二天午后，该饭店前厅部将这位客人签证到期和房间号码等情况，主动向公安部门做了汇报，公安部门立即核对有关外国人入境情况统计，并确认其签证确实已到期，只是未见客人前往办理延期手续。公安部门便委托该饭店前厅部在客人回饭店时，转达公安部门的意见，要他尽快前往办理有关手续。前厅部一方面在客人房间电话机上留言，另一方面将此情况通报客房部值班人员，共同催促客人。这位客人回饭店后，既收听到了电话留言，客房服务员又向他转达了公安部门的要求，他不敢怠慢，赶紧前往公安部门办理了手续。

【案例十三】"找零"的学问

饭店收银，不仅仅是把钱数对了就可以，往往一个细小的变化，会给客人留下深刻的印象。

美国有一家餐厅生意非常红火，且大都是回头客，主要原因是其收银员找给客人的零钱全部是崭新的。人都有一个很正常的心态，总喜欢把最旧的钞票先花出去，把新的留在自己的钱包里，虽然早晚都得花掉。这家餐厅正是抓住了客人的这个心态，每天到银行更换崭新的、大小面额不一的纸币找给客人，由此而带来滚滚财源。

无独有偶，也有一家餐厅由于找零的事，引发了客人的强烈投诉。该餐厅收银员为了自己交账方便，把自己的分币、毛币，甚至是破旧不堪的零币找给了客人，客人当场拒收。

【案例十四】对不起，不能减免

某星级饭店大堂，三三两两的客人在办理退房手续。这时，一位西装笔挺的中年男士快步来到总台前。"陈先生，您好！"总台的接待员热情地与他打招呼。陈先生边点头示意边听手机："好，我马上给您打个优惠折扣，您放心

吧！"陈先生挂了手机，笑着对接待员说："小李，我的客户顾先生住在你们饭店 1818 房，按我的折扣给他打五折，由我来签单！"总台的小李一听，忙查询电脑，果真 1818 房的住客姓顾，是昨晚住进来的，客人还说要找人帮他打个较优惠的折扣，没想到他是陈先生的客户。小李看过顾先生的开房单后说："您的客户顾先生是昨晚入住的，当时他就说要找人帮他打折，但我们一直等到零点还没见有人过来或打电话给我们通知要打折，我们已给他打了八折，且已上了一天的房费。"陈先生一听，忙问："上了一天的房费？那你能不能把昨天的房费按我的优惠价五折减免？"小李微笑着说："不好意思，陈先生，这房费已经上了电脑，我们的房费报表已制好，不能再改了，我们只能从今天开始按您的优惠价给您的客户顾先生打五折，您看行吗？"陈先生一听，马上不高兴地说："那怎么行，昨晚我已接到顾先生的电话，答应要给他打五折的，可是我一时疏忽把这事给忘了，今天他打电话给我时，我才想起这事，我也是你们的老客户了，你们就通融一下吧。"

小李还是摇摇头说："对不起，陈先生，我没有这个权限，帮不了您的忙。"陈先生低头想了一下，说："这样吧，我也不为难你，你就改六折吧？"小李还是摇摇头说不行。"那七折总该行了吧？我经常介绍客户和朋友到你们饭店来住宿，这个面子总该给我吧？"小李说："陈先生，对不起，房费已上了报表是不能减免的。"陈先生一听，脸色一沉，冲小李摆摆手，然后拿出手机打电话："顾先生，您马上来退房，我们不住这儿了，以后再也不来这家饭店了，对，我再给您联系另外一家饭店……"

【案例十五】语言的技巧

客人迟迟不来。虽然大堂吧的环境幽雅、温馨，胡先生却有些坐立不安，毕竟此次生意的成败关系到公司的兴衰。"先生，请您把脚放下来，好吗？"当训练有素的服务员一边添加开水一边委婉地轻声提醒时，胡先生才发现自己竟不经意地把脚搁在对面的椅子上摇晃，并引起其他客人的频频注视。等待得不耐烦的胡先生极为烦躁，未加思索，带着怨气盯着服务员一字一句地说："我偏不放下，你怎么办？"

有片刻的沉默，服务员笑了笑："先生，您真幽默，出这样的题目来考我。我觉得您蛮有素质的。"说完，她很快转身就走，并且始终没有回头。稍后，胡先生弯腰借弹烟灰把脚放了下来。

【案例十六】留住每一位客人

某饭店是一家接待商务客人的饭店，管理很严格。总台主管小王和其他两位服务员值班，11 时进来了两位客人，小王很礼貌地招呼客人，并热情地向客人介绍饭店的客房。听了小王的介绍，客人对饭店的客房非常满意，同时，他们告诉小王，由于他们是商务客人，公司对他们出差住房的报销价格有规定，希望能给予他们房价七折的优惠。但是饭店规定总服务台主管只能有房价八折的权限，况且部门经理早已下班回家，小王想是否多销售两间客房对自己也没多大关系，还是非常礼貌地拒绝了两位客人的要求。最后两位客人不得不失望地离开了这家饭店。

【案例十七】寄存的行李出了问题

"我的衣服上怎么会有蚂蚁，你要赔偿我的损失……"福陆公司长包房的刘小姐正在与某饭店礼宾部主管小马交涉。原来前几天刘小姐因公司事务离开南京，行李寄存在礼宾处，没想到今天重新打开行李箱却发现衣服上爬有许多小蚂蚁，这可急坏了年轻的刘小姐。

小马立即向大堂副理汇报，他们一同到刘小姐房间实地查看。行李箱内除了衣服外还有一些琐碎物品，其中包括一袋开封的奶油饼干。经过调查这几天寄存行李的其他客人，尚没有类似投诉，最后断定是刘小姐行李箱内那袋开封的奶油饼干由于放置时间较长，招来了蚂蚁。于是，大堂副理向刘小姐解释，饭店行李牌规定"住客自愿寄存行李，其间饭店将妥善保管寄存的行李，其他一切损伤均由住客负责"，况且前几日礼宾处当值员工曾当面声明易碎品、贵重物品、食品等不予寄存，刘小姐也在行李牌上签字确认，故饭店不该承担责任。

刘小姐否认了饭店曾当面声明食品等不予寄存，而且蚂蚁是饭店内的，并不是行李箱本身就有的，饭店起码要免费清洗所有衣物。大堂副理请示了值班总经理，并与刘小姐协商，最后同意以五折的价格帮其清洗所有衣物。

第四部分

礼宾服务流程与规范

一、门童

（一）班前准备

1. 仪容仪表

规范着装，整理仪容仪表。

2. 物品准备

准备雨伞、办公用品等。

3. 卫生清理

清理相关区域卫生，清理物品橱。

（二）门卫服务

1. 问候客人

（1）当客人进入饭店时，主动为客人拉门，问候客人："早上好／中午好／下午好／晚上好。"

（2）如果确认是住店客人，应说："您好，欢迎下榻我们饭店。"

（3）对常客和回头客主动称呼姓氏和职衔。

（4）当客人离店时，主动问候客人，对年迈或行动不便的客人要讲"请慢走"，并帮助客人上下台阶。

（5）如遇雨雪天气，应说："再见，当心路滑，请慢走。"

（6）如是住店客人，应说："再见，祝您一路平安，欢迎您再来。"

2. 引导帮助

随时回答客人的提问，如客人询问具体地点或方向，应使用手势为客人指引方向，要五指并拢，切忌用手指指点。如讲解困难，在客人不多或有补位的情况下，应亲自引领客人到他想去的地方。当行李员人手不够时，主动帮助装卸行李、核对行李件数，直到行李运送结束。

维护门前秩序，当聚集客人较多时，应礼貌地请客人配合，保证门前畅通无阻。对出入饭店的可疑人员注意观察，必要时通知安保部门处理。

（三）寻人服务

1. 了解客人要求

当客人提出寻人要求时，首先询问客人所寻找人的姓名、特征。

2. 寻找

（1）根据客人提供的线索，在可能出现的区域内寻找。

（2）若一次未找到被寻人，应反复寻找三次。

3. 答复

（1）找寻三次以后，如果确认没有，应向寻找人说明。

（2）当找到所寻找的人时，应主动上前招呼，说明有客人在找他/她，经客人同意后，将被寻找人引领至寻找人前确认。

（四）迎送客人

1. 迎接客人

（1）当客人乘车到门前时，判断客人的位置。

（2）等车停稳后，为客人开启车门，主动热情地问候客人。

（3）开启车门时，一般先开后门，再开前门。

（4）开车门时，要求左手拉开车门，右手遮挡车门上沿，以免客人头部与汽车门框相碰（若是信仰佛教的客人，则切忌为客人护顶）。

（5）如果客人拿的东西较多，应主动接过来，以方便客人下车。

（6）对老年客人或行动不便的客人，应主动搀扶客人下车。

（7）如客人车上有行李，马上为客人搬运行李，询问客人是否有预订房间。若有预订，则告知行李员引领客人至前台，若行李员不在，要按照客人要求，亲自将客人送至指定目的地。

（8）客人下车后，一定要仔细查看车内是否有客人遗留的物品，以便及时交还给客人。

（9）如客人乘出租车，记录客人所乘出租车号码，给客人一份。

2. 送别客人

（1）当客人离店时，主动询问客人是否需要出租车及去向，如需要，让出租车停靠于大堂前或引领客人到出租车处。

（2）当乘车的客人较多时，门童应按先后顺序让客人乘车，并维持好秩序。

（3）如客人有急事，在征得其他排队客人同意后，可让有急事的客人先乘车。

（4）当客人车辆启动时，应挥手向客人道别，目送客人离店。

（五）安排出车的工作程序

1. 为客人安排出租车

如有客人要车，须问清有无预订，如没有预订，安排客人上车，并将客人的要求告诉司机。

2. 为客人安排包车

（1）如果客人需要包车，应请客人与礼宾部车队联系。

（2）礼宾部车队要做好出车的记录。

二、行李服务

（一）班前准备

1. 仪容仪表

规范着装，整理仪容仪表。

2. 物品准备

准备办公用品，检查设施设备。

3. 卫生清理

（1）清理行李房地面卫生。

（2）用干净抹布擦拭电话、行李车、行李柜、残疾车、踢脚线等。

（3）整理行李柜物品。

（二）散客行李入房服务

1. 引领客人

（1）主动迎接抵达饭店的客人，并微笑问候客人，表示欢迎。

（2）如客人有行李，当面与客人点清件数及检查有无破损现象。

（3）如有易碎物品或贵重物品请客人自带。

（4）在搬运客人行李时一定要轻拿轻放。

（5）引领客人到前台登记。

2. 看管行李

引导客人至前台后，以标准姿势站于客人身后 1.5 米处，行李放于身前，保证客人财产安全。

3. 引领客人入房

（1）在客人办完入住手续后，主动从总台手中或客人手中接过欢迎卡和房间钥匙，引领客人入房。

（2）如果几位客人同时入店，应在办理完手续后，请每位客人逐件确认行李，在行李牌上写清客人的房间号码，并婉转地告诉客人在房间等候，然后迅速将行李送入房间。

（3）如果客人有事先不去房间，在征得客人同意后，将行李送到房间，行李员应以所见到的钥匙卡上的房间号码为准。

（4）行李员在客人的侧前方 1 米左右引领客人至电梯厅（走在客人右前方表示对客人的尊敬），遇有转弯时，应回头示意并用手指引客人，并在途中向客人介绍饭店设施和服务项目，使客人初步了解饭店，然后按叫电梯。

（5）乘电梯时，要先请客人进电梯，自己随后进入电梯并靠近电梯控制钮，为客人按楼层键，在电梯上行过程中，继续向客人介绍饭店有关情况，回答客人问询；电梯到达客人所住楼层，请客人先出电梯，自己出电梯后携带行李继续在前面走，以尽引导之责。

4. 入房服务

（1）引领客人到达房间，把行李放在房门外左侧，简短地向客人介绍紧急出口和客人房间所处的位置。

（2）进入房间前，先敲门，或按门铃，确认房间内无人后，再用钥匙开门。

（3）开门之前向客人介绍使用钥匙开门及钥匙的其他用途（如小酒吧、电梯，有的甚至夜间可开启饭店大门等）。

（4）为客人打开房门，介绍电源、开关，并把钥匙插入开关内，立即退出房间，请客人进房。

（5）客人入房后，如对房间不满意，要求换房时，应立即与总台接待员联系，并和客人做好沟通。

（6）待客人进房后，将客人行李放在行李架上或放在客人要求的地方，帮助客人把脱下的外衣及需要挂起来的物品挂入壁柜内。

（7）拉开窗帘，向客人介绍房间设施和各种设施的使用方法。

（8）向客人介绍电视使用方法和各频道节目。

（9）向客人介绍电话使用方法，店内各主要服务部门的电话号码及空调、收音机、床头灯、总控开关等电器设备设施。

（10）告知客人写字桌上有饭店介绍，以便客人更多地了解饭店服务信息。

（11）向客人介绍小酒吧，并提醒客人注意放在酒吧上的价格表。

（12）向客人介绍卫生间内设施，提醒客人注意电器的使用。

（13）向客人介绍店内的洗衣服务和电话号码。

（14）介绍饭店提供的其他服务，如营业场所营业时间、地点、特色、价格、服务项目及饭店新推出的服务项目及设施，并告知客人晚上服务员做夜床时会将早餐券放到床上。

（15）介绍房间应按客人要求，灵活掌握。

（16）房间介绍完毕后，询问客人是否有其他要求，如有需求，设法尽快为客人解决。

（17）向客人道别，祝客人居住愉快，面对客人后退离开，将房门轻轻关上。

（三）散客行李离店服务

1. 接到通知

接到取行李的通知时，须问清客人房间号码，行李件数，收取行李时间。

2. 通知

行李员在散客离店登记单上填写房间号码、时间、行李件数，并根据房间号码迅速去取客人行李。

3.收取客人行李

（1）携带行李寄存单，推行李车到客人房间。

（2）进入客人房间前，先敲门，主动通报"您好，行李服务（或英文Good morning/afternoon/evening，Luggage service）。"

（3）如果客人在房间，客人开门后，先向客人问候，征得客人同意后，方可入房提行李。与客人共同清点行李件数和种类，并检查行李有无破损现象。询问客人行李运往的地点及何时提取，提醒客人有无遗忘物品在房间。如客人马上退房，把客人行李拿出房间，陪同客人去前台收银处结账，并帮助客人检查是否有遗留物品。如客人不马上退房，把客人行李拿出房间，按要求在行李寄存单上联写上经手人工号、姓名、行李件数等信息，将行李寄存卡的下联交给客人，告诉客人届时凭行李寄存单取回行李。

（4）如客人不在房间，请楼层服务员开门取行李，与楼层服务员共同清点行李件数和种类，检查行李有无破损现象。将行李运到行李台处，将行李寄存单填好，系在行李上，待客人来时与总台人员共同确认身份。

4.送客人离店

（1）确认客人已付清账款办理完手续后，接过客人手中的临时寄存单下联确认行李，引领客人出店，再次确认行李件数。

（2）将行李装上车。

（3）如客人行李放在车尾箱内，不能直接盖上，应当面请客人查验。

（4）向客人道别，祝客人旅途愉快。

（四）团队行李入店

1.接收行李

（1）当团队行李送到饭店时，行李员与团队领队确认行李件数，并请领队在团队入住登记表上登上姓名和行李车牌号。

（2）行李员卸下全部行李，并清点件数，检查行李有无破损情况，如遇损坏，需在行李登记表上做好记录，并请团队领队或陪同签字证实。

（3）在团队行李登记表上做好记录，并请陪同人员签字。整齐地排放行李，全部系上有本饭店标志的行李牌，并用网罩住，以防止丢失、错拿。

2.分拣行李

（1）根据前台分配的房间号码，与客人确认行李，并将房间号码清晰地写在行李牌上。

（2）与前台接待处联系，问明分配的房间是否有变动，如有变动须及时更改。

（3）及时将已知房间号的行李送至房间。

（4）如遇行李姓名卡丢失的行李应由领队帮助确认。

3.派送行李

（1）将行李平稳摆放在行李车上，在推车入店时，注意不得损坏客人财物和饭店财物。

（2）进入楼层后，应将行李放在门左侧，轻轻敲门三下，报出" 行李服务（Luggage service）"。

（3）客人开门后，主动向客人问好，固定门后，把行李送入房间内，待客人确认后才可离开。

（4）对于破损和无人认领的行李，要及时与领队或陪同取得联系，以便及时解决。

4.行李登记

（1）送完行李后将送入每个房间的行李件数准确登记在团队行李登记表上，并核对总件数是否同刚入店时一致。

（2）将团队行李登记表存档备查。

（五）团队行李离店

1.准备工作

（1）仔细审阅前台送来的团队离店名单。

（2）接到团队离店通知后，找出团队入店时的团队行李登记表核对。

（3）准备好行李车。

（4）夜班将核实后的表格转交下一班。

2.收取行李

（1）依照团号、团名及房间号到楼层收取行李。

（2）与客人一同确认行李件数。

（3）如客人不在房间，又未将行李放在房间外应及时报告主管解决。

（4）每取完一间房的行李，立即在团队行李登记表上登记，不能全部登记后再收取行李。在指定位置摆放行李并罩好，以免丢失。

3. 核对行李

（1）统计行李数量是否与入住登记时一致。

（2）与陪同一起确认行李件数，若无误请其在团队行李登记表上签字。

（3）如下行李的件数与上行李的件数不一致，应马上与领队确认，以免客人行李遗失。

4. 行李离店及存档

（1）将客人行李放于车上，并记录车号。

（2）将团队行李登记表存档。

（3）如行李暂不用装车，存放在一起，应用行李网罩住。

（六）差使服务

1. 接到差使服务要求

（1）客人提出的合理服务要求，饭店现有资源不能满足，且可以由差使服务来解决的，可以提供差使服务。

（2）差使服务项目包括：代冲胶卷、代购急需物品、陪同客人看病等。

（3）差使服务原则上仅限于来饭店消费的客人。

2. 提供差使服务

（1）接受主管安排立即外出为客人服务。

（2）完成差使后，第一时间给客人答复。

（七）行李寄存与提取

1. 了解寄存需求

（1）礼貌询问客人房间号，确定客人是否为住店客人。

（2）如非住店客人，则表示歉意，礼貌地说明此服务仅限于住店客人。

（3）如是住店客人，询问寄存物类别。对于易碎的物品，建议客人自己保存。贵重物品可以放到总台保险箱内或自己保存。易燃、易爆、化学腐蚀剂、剧毒品、枪支弹药等不能寄存。对于水果等易变质的物品最好不要寄存，如要寄存要和客人说明只能寄存 1~2 天。

2. 办理手续

（1）如客人需要寄存，要检查物品是否完好无损。

（2）向客人介绍行李寄存单上所需填写的项目，请客人填写。

（3）询问客人行李所需寄存的天数，提醒客人行李寄存最多不能超过三个月。

（4）在行李寄存单上联签名，下联交给客人，并提醒客人凭此单提取行李。

（5）在行李寄存登记本上登记所存行李情况，标明位置、件数、日期、颜色及存放人姓名和寄存牌编号，如有贵重易碎物品应做明显标识。

3. 存放客人行李

（1）将半天或一天的短期存放行李，存放在屋外侧，以便搬运，将长期存放的物品放在存贮室的行李架上，如一位客人有多件行李，应用绳连在一起，以免错拿。

（2）如发现逾期不取的行李，立即通知主管。

4. 提取行李

（1）礼貌地收回客人寄存行李的下联收据，并请客人签名。

（2）礼貌地向客人询问行李的颜色、大小及存放时间，以便查找。

（3）根据寄存卡的编号，翻查行李寄存登记本，找到行李存放位置。

（4）把行李取出后，交与客人核实，确认后将行李牌上的寄存牌和客人的寄存收据钉在一起，以备查找，同时在行李寄存本上的原始记录处标注"已取"字样。

（5）帮助客人将行李搬运出店或送到房间。

（6）如遇到客人遗失收据，应报告主管，通过检查客人身份，核实无误后，方可领取并请客人写份收据。

（八）代办邮件

1. 确认邮寄要求

（1）客人要求代办信件、包裹、邮件时，请客人亲自填写委托单，并同客人核对所填内容。

（2）在确认地址、收件人姓名等准确无误后，方可代办。

2. 收取预付金

对于不能确认价格的邮件，须收取客人预付金。

3. 寄发

（1）每天早上与前台接待员交接前一天晚上所收客人邮件，核对无误后，在邮件登记表上做好记录。

（2）如邮件是 17:00 前收取的，必须于当日寄发。

（3）如邮件是 17:00 后收取的，必须于次日 17:00 前寄发。

（4）如客人有特殊要求，则按照客人所要求的时间寄发。

4. 存档

（1）将客人所寄发的邮件记录在邮件登记表上。

（2）将每次寄发后的邮局回执保存好，以备日后查找，并将收据凭证交予客人。

（九）雨具寄存

把客人的折叠伞存放在伞架上，锁好，将钥匙交于客人，并提醒客人注意保管。也可以根据伞的长短，用不同的伞套套好交给客人。客人的雨衣须装入塑料袋由客人自己保管。

需要注意看管好伞架钥匙，并随时整理伞架。

（十）交接班

1. 阅读交接班本

（1）每日在交接班时应先阅读行李员交接班本，掌握并熟记交接事项。

（2）阅读后，对交接不清楚或字迹不清的应当面逐条了解清楚，便于本班次处理落实。

（3）要特别注意上班次对当日工作中的提示。

2. 处理可解决问题

本班次可解决的问题应在最短的时间内解决，将处理情况详细记录在行李员交接班本上。

3. 交代待解决问题

在行李员交接班本上，记录待下班次解决的问题。

4. 交接内容

（1）核对行李房内行李是否与客人行李寄存本上的数量一致，如有异常，及时与当班人协商并汇报主管处理。

（2）交接当天 VIP 客人、团队、会议的预订及入住情况。

（3）交接饭店和部门下发的有关通知和文件。

5. 交接确认

在行李员交接班本注明交接的日期、时间，并由交接人和接班人签字确认。

三、案例

【案例十八】代转物品有手续

某日，行李员小周正在大堂值班，一名自称是 Y 机场行李员的人提着一只手提箱走进来。他首先很客气地掏出证件给小周看，说明自己的工作单位和身份，并解释这只手提箱是一位刚下飞机的英国客人的，要求他立即送到饭店，并说该客人已事先办好了客房预订，他要求小周代为收下，并转交客人。小周没有立即拒绝，也没有收下手提箱，而是询问了客人的姓名，到总台接待处查询，证实了确有这位英国客人的预订，但还没有办理入住手续。然后，小周又查询留言登记，也未见到那位客人要求代收行李的留言。小周将查询情况向机场行李员做了详细说明，机场行李员见小周不收，不耐烦地说："既然你已查出英国客人已经办理了客房预订，为什么不收下他的手提箱？"小周一再向他说明："由于客人没有留言，我们不能仅凭您所讲的情况就擅自收下。因此，请您在此等候，等那位客人到来时，由您亲自交给他。"

第五部分

商务中心和购物中心服务流程与规范

一、商务中心

（一）班前准备

1. 仪容仪表

整理规范的仪容仪表。

2. 班前准备

准备表格，办公用品，每天更新报纸，定期更换书架上的刊物，备用金应保证足够的零钱。

3. 设施设备检查

（1）商务中心员工必须于营业前 10 分钟到岗，做班前准备工作。

（2）到岗后，首先打开电脑、复印机、打印机和碎纸机，然后检查各机器是否能正常使用。

（3）检查传真机时，一定要查看纸张的数量，以免因纸张不够而接收不到客人的传真。

（4）如设备不能正常使用，应马上报修工程部进行维修，并报主管。

4. 卫生清理

（1）清理废纸篓。

（2）用干净抹布擦拭电脑、复印机、传真机、桌面、地角线等。

（3）清理库房卫生。

（4）对键盘、鼠标及电话机等进行消毒。

（二）传真发送

1. 了解客人要求

（1）主动、热情地迎接客人。

（2）接到稿件后，仔细询问客人发往国家或地区的传真号码、客人房间号等信息，并做好必要的记录。

（3）发送前向客人讲明收费标准，确认后再发送，以免因收费问题引起客人不满。

（4）如现场客人较多，应礼貌地请后来的客人等待。

2. 结算费用

（1）在账单上注明客人发送传真的页数、费率、总计金额。

（2）请客人在账单上签字确认。

（3）根据传真收费标准收取费用。

（4）将费用按付款方式在电脑中入账。

（5）按照客人要求出具发票。

（6）在账目登记表上登记。

（7）将营收情况登记在营业报表上。

3. 道别

向客人道别，欢迎客人再次光临。

（三）传真接收

1. 确认房间号

（1）接收传真时，不要往外拉扯传真纸，以免传真字迹不清。

（2）认真阅读传真标头，在电脑中查询确认收件人的姓名及房间号。

（3）接收的疑难传真及时请示当班主管处理。

（4）对"查无此人"的传真，要妥善保存。

2. 填写表格

（1）仔细填写商务中心接收传真登记表。

（2）注意核对传真上所标识的页数，避免传真件遗漏，造成不必要的投诉和查找。

3. 派送传真

（1）电话通知客人收到传真，请客人来取或亲自送到客人房间。

（2）如客人在房间，亲自送到客人房间，并请客人在账单上签字确认或代收取现金。

（3）客人不在房间，给客人留言，由行李员将留言送至客人房间。

（4）传真未经客人同意，勿让他人代取。

（5）对客人传真的内容要保密。

（6）订房传真要及时送至前厅销售部，前厅销售部下班后交至接待处做预订。

（四）打印服务

1. 了解客人要求

（1）对于客人要求打印的文稿，询问打字的格式、字体字号要求等。

（2）检查稿件，如有不清楚的字符，及时向客人核实。

（3）打印前应向客人说明收费标准和打印所需时间，确认后方可打印。

（4）如客人要求在现场等候，请客人入座并提供报纸杂志供其阅读。

（5）请客人留下联系电话或房间号，以便打印完毕后及时通知。

2. 打印

（1）按客人要求排版输入，如客人自带盘打印须先进行杀毒处理，以防电脑感染病毒。

（2）文稿输入完毕后，须与原件认真核对，并修改错误的地方。

（3）修改完毕后电话通知客人，请客人核对检查后再打印。

（4）打印好文稿后，一定要连同原件交给客人，未经客人同意不能擅自将客人原件丢失或损坏。

（5）每个文件都要询问客人是否存盘及需要保留的时间，最长可保留一周。

（6）如不需保留，可做删除处理。

3. 收款

（1）根据收费标准，按打印类别及张数开出账单，请客人付款或挂账，并在账单上签字。

（2）将费用按付款方式在电脑中入账。

（3）填写《营业报表》。

4.订房邮件打印

每班次定期查阅邮件箱接收邮件，订房邮件打印出后及时送到前厅销售部。

（五）复印服务

1.了解客人要求

主动热情地问候客人，介绍收费价格。询问客人要复印的纸型、规格、复印张数、有无覆盖遮挡部分、装订要求等。

2.提供复印服务

（1）查看复印原件有无不清楚的地方，以便及时向客人确认，分页复印时应检查文件上是否有订书针，以防刮坏送稿器；若文件上有涂改液，须等待涂改液干了以后再复印，避免涂改液粘在屏幕上。

（2）将复印件正面朝下放在复印机上摆好，检查送纸箱，调整色度后开始复印。

（3）如果客人要求放大或缩小，按照要求调整尺寸。

（4）检查第一张的效果，确认效果后，定位、定色复印。

（5）将印好的文件依顺序排列整齐。

（6）对于客人要求装订的文件，应按原件顺序和件数逐一整理，装订整齐。

（7）将客人原件和复印的文件交给客人。

（8）对复印资料做好保密工作。

3.结算费用

（1）按复印的种类及张数，根据收费标准开出账单，请客人付款或挂账。

（2）请客人在账单上签字。

（3）将费用按付款方式在电脑中入账。

（4）填写营业报表。

4.道别

向客人道别，欢迎客人再次光临。

（六）翻译服务

1. 了解客人要求

（1）询问客人需翻译的语言种类、时间期限等具体要求。

（2）翻译前向客人说明收费标准和所需时间，经客人同意后，方可联系外面的公司进行翻译，以免引起客人不满。

（3）请客人留下房间号或联系电话，以便翻译完毕及时通知客人。

（4）如果客人要求在现场等候，请客人入座并提供报纸杂志供其阅读。

2. 提供翻译服务

（1）查看一遍文稿是否有不清楚的字符，及时向客人核实。

（2）将翻译好的文稿和原件认真核对，并修改错误的地方。

（3）电话通知客人，请客人核对确认。

（4）询问客人是否需要打印出文稿，如需要可按照打印的程序与标准进行服务。

（5）将翻译好的文稿连同原件一起交给客人。未经客人同意，不能擅自将客人原件丢失或损坏。

3. 结算费用

（1）根据收费标准，按翻译的张数开出账单，请客人付款或挂账，并在账单上签字。

（2）将费用按付款方式在电脑中入账。

（3）填写营业报表。

4. 道别

向客人道别，欢迎客人再次光临。

（七）票务服务

1. 了解客人要求

（1）认真听取客人关于票务预订的要求，对交通工具、抵离时间、班次、姓名、身份证号做好详细记录。

（2）向客人说明收费标准和取票所需时间，经客人同意，并再次与客人核对预订信息确认无误后，方可联系票务预订事宜，以免引起客人不满。

（3）请客人留下房间号或联系电话，以便票据送达后及时通知客人。如有必要，可适量收取票据押金。

（4）如客人要求在现场等候，请客人入座并提供报纸杂志供其阅读。

2. 联系票务预订

（1）通过饭店票务预订渠道，联系相关预订事宜。

（2）与预订处仔细核对客人姓名、班次及抵离时间等，确保信息准确无误。

（3）保证预订的票据及时送达，不耽误客人行程。一般要求最晚要在客人出发前3小时内送达。

（4）票据送达后，及时与客人联系，确保客人行程。

3. 结算费用

（1）根据收费标准及票据价格，请客人付款或挂账，并在账单上签字。

（2）将费用按付款方式在电脑中入账。

（3）填写营业报表。

4. 道别

向客人道别，祝客人旅途愉快并欢迎客人再次光临。

（八）交接班

1. 阅读交接班本

（1）每日在交接班时应先阅读商务中心交接班本，掌握并熟记当天的 VIP 客人和团队等交接事宜。

（2）阅读后，对交接不清楚或字迹不清的应当面逐条了解清楚，便于本班次处理落实。

（3）要特别注意上班次对当日工作中的提示。

2. 处理可解决问题

本班次可解决的问题应在最短的时间内解决，将处理情况详细记录在商务中心交接班本上，并签字确认。

3. 交代待解决问题

每日下班前，在商务中心交接班本上记录待下班次解决的问题。

4. 交接内容

核对上班次账单和营业报表是否一致，账单是否已全部入账。

5. 确认交接

在商务中心交接班本中注明交接日期和时间，并由交班人和接班人签字确认。

二、购物中心

（一）班前准备

1. 仪容仪表

整理规范的仪容仪表。

2. 班前准备

准备流动资金，发票，办公用品（信封、验钞机、大头针、曲别针、修正液、海绵盒、圆珠笔、签字笔、计算器、复写纸、剪刀、打包袋、胶水、双面胶带、打包胶带、打包绳、打码机、量衣尺等）；单据表格（售货员交款单、交接班日志），抹布、垃圾筒、垃圾袋。

3. 清理卫生

清理柜台、展示柜及陈列商品，清理地面、橱窗、试衣镜等。

4. 陈列商品

对照前一日销售商品明细到仓库领取商品，将商品上打上价码，放于相应位置陈列。

5. 检查设备设施

检查电脑、打印机、验钞机、POS机等设备设施能否正常运作。调整刷卡机日期；检查电脑运行时间（差异在2分钟之内属正常）。

6. 阅读交接班日志

阅读交接班日志，掌握上班次收银员各项交接事宜。在接班人一栏签字确认。

7. 核对单据交接

根据发票交接记录核对上班次发票交接是否正确。

（二）商品销售

1. 迎客

客到时主动向客人表示问候："您好，欢迎光临。"

2. 介绍

当客人在柜台前浏览时，要注意客人的眼神，判断客人的喜好，不失时机地向客人推荐商品。主动向客人介绍商品的质量、性能和产地，增强其购买欲望。取放物品时，要轻拿轻放，商标朝外，双手递交给客人。不同的商品要有不同的展示方法。耐心回答客人的问题，做到百问不厌。当客人沉思犹豫不决时，要适时把握机会，介绍该商品优点及其销售情况，帮助客人做出决定。

3. 包装

客人挑选好商品后，根据商品的大小和客人的要求选择适当的包装材料。包装好后放入饭店专用打包袋或礼品袋内。

4. 入单

售货员按照客人所购买商品名称录入电脑。

5. 结账

（1）时限要求：如无特殊情况，在4分钟之内完成结账手续。

（2）确认商品，将客人所购买的商品分类摆放在客人面前。

（3）礼貌地向客人询问是否需要购买其他商品，可否结账。

（4）将客人购买的商品名称录入电脑，录入完毕，核对所有录入项目品名是否正确。

（5）以上核对无误后，打印出账单，交给客人结账。

（6）如客人使用现金结算，清点好现金，锁入抽屉，并出具发票。

（7）如客人使用信用卡结算，协助到总台刷卡。

（8）如客人要求将消费转入房间账务，请客人出示房卡，通过电脑查询客人的最大签单额，确定是否可以挂账。如最大签单额不足以挂账，最好打电话询问一下前台收银员其不能挂账的原因。取得确认不能签单挂账后，请客人改用其他方式支付，并做出解释。

如客人要求公司挂账，须请客人出示挂账卡或请客人提供单位名称，查询合同，核对卡号及签字生效人。核对无误后，请客人在账单上签字确认。

如客人无挂账合同要求签单挂账，可请饭店有关管理人员提供担保并予以挂账。

6. 登记卡片

每日根据销售统计表登记当日出售商品的货卡，要求做到卡、物相符。

（三）商品退货

1. 了解退货原因

了解客人的退货原因，如因客人购买后对规格、型号、样式等不满，只要商品保持原样，没有损坏、玷污，均可退换。

2. 办理退货手续

收回所退商品，并检查是否有缺损、玷污。根据电脑档案查询客人购物时的付款情况。确认货款结清，返还客人货款；使用红色笔开出一式两联的结算单（红色表明退货）请客人在其上签字确认。向客人表示歉意，并欢迎客人再次光临。根据结算单在电脑中做出处理。

（四）托运业务

1. 了解托运方式

当客人购买大型贵重商品，要求邮寄托运时，商场要提供相应服务。先通过邮局或其他渠道联系，掌握价格和托运方式。

2. 选择托运方式

征求客人意见，选择相应的托运方式。

3. 办理托运手续

（1）邮寄：填写邮单，审核无误后，向客人复述一遍填写内容，保证邮单所填写的姓名、地址、收件人及邮政编码等内容准确无误。按照国家邮政部门的要求包装邮寄商品，并将商品按时寄出。

（2）托运：将托运地点、托运方式、收件人等内容准确登记在托运单据上。将需托运的商品包装捆扎好，力求美观、牢固，符合交通部门的要求。按时将商品办理托运手续，妥善保管办理邮寄及托运的回执单据，以备查阅。

（3）为客人办理邮寄及托运费用结算手续。

（五）送货业务

1. 登记

当客人购买大型贵重商品，要求送货时，商品部服务员要主动为客人提供相应服务。在送货登记表中详细登记客人姓名、地址、联系电话及送货时间；登记完毕，向客人复述一遍，确保无误。

2. 送货

按照客人指定的时间、地点送达。请接收人验收后在送货登记表中签字确认。

（六）预购业务

1.办理预购登记

客人因商品暂时无货或规格型号不齐要求预购时，要主动细致询问客人的需求。在预购客人信息登记表中准确记录客人所需的商品名称、规格、型号及其他要求，并预留客人的姓名、地址及联系电话。

2.通知客人选购

客人所需的商品到货时，及时通知客人前来挑选购买。

（七）班后收尾

1.查看电脑账务

查看电脑内是否有未结算账务，如存在未结算账务，要按照其相应付款方式结清。如电脑内未结算账务须留待下班次处理解决，要在交接班日志中做好相应交接。

2.核对账表

打印当班收款汇总表，根据各种付款方式核对账款是否相符。核对无误后，将电脑作"交接班"处理。

3.填写交款单

填写售货员交款单，注明工号及交款部门，同时将当日受理信用卡、支票、现金金额分类别填写在交款单上。

4.整理账款

将账单按现结、挂应收账、住客挂账分类整理好，附收款明细表转交前台收银员。将当日收入的信用卡、支票、现金等连同收银员交款单、收款明细表一并装入银袋。由两名售货员共同清点备用金，清点无误后，连同发票及其他有价证券装入备用金袋内。填写交接班日志，注明交接事项；填写发票交接记录，将本班次发票领取、使用及结存情况进行交接。

5.编制日报表

根据当日销售货卡编制销售日报表，于次日上交部门主管。

6.做班后收尾

切断购物中心内电脑、照明灯等电源，锁好抽屉、柜台及门窗等，做好清理收尾工作。

7. 存放备用金袋及银袋、钥匙

每日班后两名购物中心员工共同到前台收银处，在前台收银员的监督下，将备用金袋及银袋分别投入不同的保险箱内；将收银台钥匙交前台收银员保管；分别填写备用金存取登记表、银袋存取记录及钥匙存取登记表。

三、案例

【案例十九】传真发出了吗？

一天早上，商务中心刚刚开始工作，一位加拿大籍住店客人满面怒容地走进商务中心，"啪"的一声将一卷纸甩在桌子上，嚷道："我昨天请你们发往美国的传真，对方为什么没有收到？小姐，你想想，要是我的客户因收不到传真，影响同我们签订合同，几十万美元的损失谁承担？"

接待客人的是上早班的小宋。面对怒气冲冲的客人，她从容不迫，态度平静，迅速仔细地审核了给客人发传真的回执单，所有项目显示传真已顺利发到美国了。凭着多年的工作经验，她知道，如果客人的传真对方没有收到，责任应该不在饭店。怎么办呢？当面指责客人？不能！因为客人发现对方没有收到传真来提批评意见，也在情理之中。小宋脑子飞快地转动，很快"灵机一动，计上心来"。只见她诚恳而耐心地对客人说："先生，您且息怒。让我们一起来查查原因。就从这台传真机查起吧。"客人欣然表示同意。小宋仔细地向客人解说了这台传真机自动作业的程序，并当场在两部号码不同的传真机上作示范，准确无误地将客人的传真从一台传到另一台上，证明饭店的传真机没有问题。客人比较了两张传真，面色有所缓和，但仍然心存疑虑道："不过，我的那份传真对方确实没有收到呀！"为了彻底消除客人的疑虑，小宋主动建议："先生，给美国的传真再发一次，发完后立刻挂长途证实结果，如果确实没有发到，传真、长途均免费，您说好吗？"客人点头同意了。传真发完后，小宋立刻为客人接通了美国长途，从客人脸上露出的笑意可以知道：传真收到了！

客人打完电话，面带愧色地对小宋说："Miss 宋，我很抱歉刚才错怪了你，请你原谅。谢谢你！谢谢你！"小宋面带微笑地答道："没关系，先生，这是我们应该做的。"最后，客人愉快地付了重发的费用，满意而去。

【案例二十】勿使客人等待

某饭店商场部有两个柜台在营业时出现完全不同的鲜明对照，一个是营业员小张的柜台，当顾客稍多时，她只顾忙于一头，手脚不够利索，而让客人等待很长时间，客人不耐烦，于是他们扭头就走开了。另一个柜台的营业员小李就练出一副真本领。她上班时总是微笑着主动迎接每位顾客，销售服务时动作麻利干净，做到取物交货快、称重快、计价快、包装快，却有条不紊。即使同时面对五六个客人，她也能安排得井井有条。当她正在登记经过盘点的存货数或者正在点数货款时，如有顾客来到她的柜台前，她就会在写完一行记录或数到50或100等比较容易记住的钞票数额时，在脑中记住这个数或记在一张纸上，便停下手中的工作，让顾客等候的时间从未超过20秒钟。

第六部分

客房服务流程与规范

一、客房卫生质量标准

客房的卫生质量标准，简单概括为"十无"和"六净"。

（1）"十无"：

①四壁无灰尘、蜘蛛网。

②地面无杂物、纸屑、果皮。

③床单、被套、枕套表面无污迹和破损。

④卫生间清洁，无异味、毛发、水渍和皂迹。

⑤金属把手无污锈。

⑥家具无污渍。

⑦灯具无灰尘、破损。

⑧茶具及各种酒具无污痕、无破损。

⑨楼面整洁，无"六害"（老鼠、蚊子、苍蝇、蟑螂、臭虫、蚂蚁）。

⑩房间及区域卫生无死角。

（2）"六净"：

①四壁净。

②地面净。

③家具净。

④床上净。

⑤卫生洁具净。

⑥物品净。

（一）房间卫生质量标准

1. 房门

房门每天擦拭，门面、门框、把手等清洁完好，做到无污迹、无灰尘，房门开启自如。

2. 天花板、墙面与地面

（1）天花板和墙面应保持平整、光洁，要求无漏水和水印，不能有灰尘、蛛网，无油漆和墙纸起翘现象，墙壁、壁画应保持整洁美观，饰品及画框上不能有灰尘。

（2）房间地面要求平整、美观、洁净，地毯无破损、烟痕、卷边、起翘，地面不能有污迹、灰尘和纸屑等，更不能有卫生死角。

3. 窗及窗帘

窗及窗帘要求整洁美观，做到开启自如，不能有破损、脱钩现象，窗轨、窗帘上不能有灰尘和其他污迹。

4. 家具、用具

（1）各种家具、用具每天擦拭，始终保持干净、整洁，摆放在饭店规定位置，以方便客人使用。

冰箱、电话等表面光洁，做到无灰尘、污迹、手印等。

（2）桌面、椅子、行李架、衣橱、电视机、小酒吧（吧台和冰箱）、电话等表面光洁，做到无灰尘、污迹、手印等。

（3）玻璃制品每天擦拭，做到光亮、洁净，不能留有水渍和其他痕迹。

（4）镜子、画框每天擦拭，保持镜面明亮，不能有灰尘和其他污迹，亦不能有水银脱落。

5. 客用品

（1）茶杯、口杯、酒杯每次用后更换，按食品卫生规定每天进行洗涤消毒，并擦拭干净，口杯、酒杯用防尘袋装好并用杯垫垫好放在规定位置，杯具做到明亮无水迹、手印。

（2）被套、床单、枕套要求每日一换，按卫生规定洗涤并消毒，被套、床单、枕套不能破损，不能有毛发和污迹。

（3）浴巾、面巾、地巾和方巾，客人用后，通常一天一换，按卫生规定进行洗涤并消毒，要求不能破损，不能出现毛边，更不能有毛发、污迹和异味。

（4）床褥（衬垫）、窗帘等定期更换、定期洗涤，要求做到表面干净、柔软，不能有污迹和毛发。

（5）地毯不能有斑迹、印迹。

6.卧室床铺

（1）卧室卫生每天整理，床单定位准确，包角包边平整，装枕四角饱满，棉被铺放平整。

（2）整个床铺始终保持清洁、整齐、美观，做到无异味、无污迹。

7.饮用水与采光照明

（1）饮用水要求水质透明、无色、无异味和异物，不含病原微生物与寄生虫卵。

（2）每毫升水中细菌总数不超过100个，不能有大肠菌群。

（3）经加氯消毒完30分钟后，游离氯每升不超过0.2毫克。

（4）卧室室内照明度为50~100勒克司，楼梯、楼道照明度不低于25勒克司

8.灯具、电源插座

灯具、电源插座应保持完好、有效、安全，不能有破损，亦不能积有灰尘或其他污迹。

（二）卫生间卫生质量标准

1.门

卫生间门每天擦拭，门面、门框、门锁把手完好无破损，并保持整洁，不能有灰尘和其他污迹。

2.天花板、墙面及地面

（1）卫生间天花板要求光洁、明亮反光，不能有任何蛛网灰尘、印痕、积水印。

（2）墙面瓷砖要求平整光洁，无灰尘、污迹和水印等。

（3）卫生间地面平坦、无破损，要求必须采用防滑措施，地面应每天擦洗，不能有废纸、烟头及其他杂物，不能有积水，更不能有卫生死角，并经常采用有效的防虫害措施，室内不能发生虫害。

3. 洗脸台、面盆

（1）洗脸台、面盆、水龙头、镜子、毛巾架等每天擦洗，做到表面光洁、明亮，不能留有水渍、皂迹或毛发，下水管和水龙头不能堵塞、滴漏。

（2）洗脸台上的口杯，客人用后每天替换，按要求洗涤、消毒，洗刷用品客人用后及时补充并保持用品干净、整洁，按照饭店的规定进行摆放。

4. 浴缸、淋浴箱

客人用后每天擦洗浴缸、浴箱玻璃、水龙头、淋浴喷头、浴帘、皂盒等，浴缸、浴箱内及四周保持洁净，不能留有水迹、皂迹或毛发，不能有堵塞或滴漏。水龙头、喷头、拉手、浴帘杆保持光洁、明亮。

5. 马桶

（1）马桶应每天冲洗消毒，保持表面光洁，无水渍和印迹，四壁不能有污迹，马桶不能有异味。

（2）手纸托架要保持清洁、光亮。女士用卫生袋应完好无破损。

6. 换气扇

通风设备要求完好、有效，噪声低。

7. 客用品

（1）浴帘定期撤换洗涤，不能有霉点、污迹。

（2）牙刷、牙膏、浴帽及其他卫生用品，客人用后每天按数量补充，始终保持完好、卫生。

二、客房的清扫保养

（一）客房清扫规定

客人一旦入住房间，该客房就应看成是客人的私房，因此，任何客房服务员都不得擅自进入客人房间，且必须遵守相应的规定，具体地讲，有以下几条：

1. 例行的客房大清扫

一般应于客人不在房间时进行，客人在房间时，必须征得客人同意后方可进行，以不干扰客人的活动为准。

2. 注意房间挂的牌子

凡在门外把手上挂有"请勿打扰（Don't disturb）"牌子或有反锁标志，以及房间侧面的墙上亮有"请勿打扰"指示灯时，不要敲门进房。如果到了下午14时，仍未见客人离开房间，里面也无声音，则可打电话询问。若仍无人反应，说明客人可能生重病或发生其他事故，应立即报告主管，与主管一同进房查看。

3. 进房前先敲门

敲门，待客人允许后，再进入房间。敲门通报、等候客人反应的具体步骤如下：

（1）站在距房门约1米远的地方，不要靠门太近。

（2）用食指或中指敲门三下（或按门铃），不要用手拍门或用钥匙敲门，同时敲门应有节奏，以引起房内客人的注意。

（3）等候客人反应约5秒钟，同时眼望窥视镜，以利于客人观察。

（4）如果客人无反应，则重复（2）至（3）的程序。

（5）如果仍无反应，将钥匙插入门锁内轻轻转动，用另一只手按住门锁手柄，不要猛烈推门，因为客人有可能仍在睡觉，或门上挂有安全链。

（6）开门后应清楚地通报"Housekeeping（整理房间）"，并观察房内情况，如果发现客人正在睡觉，则应马上退出，轻轻将门关上。

（7）敲门后，房内客人有应声，则服务员应主动说："Housekeeping（整理房间）"，待客人允许后，方可进行房间的清扫。

（8）清扫卫生间时，如门是关着的，也须先敲门确认。

4. 讲究职业道德，尊重客人生活习惯

主要包括以下几方面：

（1）保持良好的精神状态，保证应有的工作效率。

（2）不得将客用布件作为清洁擦洗的用具。

（3）不得使用或接听住客的电话，以免发生误会或引起不必要的麻烦。

（4）不得乱动客人的东西。

（5）不得使用客房内的设备用品，不得在客房内休息。

（6）不得让闲杂人员进入客房。如果住客途中回房，服务员也须礼貌地查验住宿凭证，核实身份。

（7）如果客人在房内，除了必要的招呼和问候外，一般不主动与客人闲谈。客人让座时，应婉言谢绝，不得影响住客的休息和在房内的其他活动。

（8）打扫房间后，应礼貌地询问客人是否有其他事宜。

（9）注意了解客人的习惯和要求，保护客人隐私，满足客人合理要求。

（10）完成工作后立即离开房间，不得在客房内滞留。

5. 厉行节约，注意环境保护

主要包括以下几点：

（1）尽可能使用有利于环境保护的清洁剂和清洁用品。

（2）在保证客房清洁质量的前提下，尽量节约水、电及其他资源。

（3）将废纸、有机废物、金属塑料废物分类处理，回收报纸、易拉罐、玻璃和废电池。

（4）清洁保养以保养为首，减少清洁剂对物品的损伤。

（二）客房清扫前的准备工作

1. 听取工作安排，签领工作钥匙

客房服务员应按饭店要求着装，准时上岗签到，听取领班工作安排，之后领取客房钥匙和客房服务员工作日报表。领用钥匙时应注明领用时间。客房服务员工作时，必须随身携带工作钥匙，严禁乱丢乱放。工作结束后，服务员要亲自交回钥匙，并注明归还时间。

2. 了解分析房态

了解房态的目的是为了确定清扫的顺序和对客房的清扫程度，避免随意敲门，惊扰客人，这是清扫客房前必不可少的程序。

（1）客房状态可以分为以下几种：

客房状态	英文全称	英文简称
走客房	Check Out	C/O
住客房	Occupied	OCC
空房	Vacant	V
维修房	Out Of Order	OOO
外宿房	Sleep Out	S/O
请勿打扰房	Do Not Disturb	DND
贵宾房	Very Important Person	VIP
长住房	Long Staying Guest	LSG
请即打扫房	Make Up Room	MUR

客房状态	英文全称	英文简称
准备退房	Expected Departure	E/D
未清扫房	Vacant Dirty	VD
已清扫房	Vacant Clean	VC

（2）不同状态客房的清扫要求：

①简单清扫的客房，如空房，一般只需通风、抹尘、放掉积存的陈水等。

②一般清扫的客房，如长住房。

③彻底清扫的客房，如走客房、住客房和 VIP 房。

3. **确定清扫顺序**

客房的清扫顺序不是一成不变的，应视客情而定。因此，服务员在了解自己所负责清扫的客房状态后，应根据开房的轻重缓急、客人情况和领班或总台的特别交代，决定当天客房的清扫顺序。

一般情况下应按下列次序清扫房间：

贵宾房→请即打扫房→住客房→长住房→走客房→空房，或者：贵宾房→请即打扫房→走客房→住客房→长住房→空房。

4. **准备房务工作车及清洁工具**

工作车是客房服务员清扫房间的重要工具，工作车和清洁工具的准备工作，应该在每天下班前做好，第二天进房前要再检查一次。

（1）清洁工作车：用半湿的毛巾将工作车里外擦拭干净，并检查工作车有无损坏。工作车轮要定期上油保养。

（2）挂好布草袋和垃圾袋：将布草袋和垃圾袋分别挂在工作车的两侧。

（3）放置干净布草：将干净的布草分别放入工作车的格中。

（4）客房用品摆放：将客房用品摆放在工作车的顶架上。

（5）准备清洁桶和清洁用具：将清洁桶放置在工作车的底层外侧，内侧放清洁用具。

（6）准备干净抹布：准备干净的抹布若干条，可以用不同颜色区分。

5. **准备吸尘器**

服务员要检查吸尘器是否清洁，电线及插头是否完好，集尘袋是否倒空或换过，附件是否齐全完好，同时要把电线绕好，不可散乱。

（三）客房的清洁整理

客房的清洁整理又称做房。为了使清洁整理工作能有条不紊地进行，同时避免不必要的体力消耗和意外事故的发生，客房服务员应根据不同状态的房间，严格按照做房的程序和方法进行清扫，使之达到饭店规定的质量标准。

1. 客房清扫的基本方法

（1）从上到下。例如，在擦洗卫生间和用抹布擦拭物品的灰尘时，应采取从上到下的顺序进行。

（2）从里到外。地毯洗尘和擦拭卫生间的地面时，应采取从里到外的顺序进行。

（3）环形清理。即在擦拭和检查卫生间、卧室的设备用品的路线上，应按照从左到右或从右到左，亦即按顺时针或逆时针的环形路线进行，以避免遗漏死角，并节省体力。

（4）抹布干、湿分开。擦拭不同的家具设备及物品的抹布，应严格区别使用。例如，房间的灯具、电视机屏幕、床头板等只能使用干抹布，以避免污染墙纸和发生危险。

（5）先卧室后卫生间。即住客房应先做卧室然后再做卫生间的清洁卫生，这是因为住客房的客人有可能回来，甚至带来亲友或访客。先将客房的卧室整理好，客人归来即有了安身之处，卧室外观也整洁，他当着访客的面也不会尴尬；对服务员来说，这时留下来做卫生间清洁也不会有干扰之嫌。

整理走客房则可先卫生间后卧室。一方面可以让弹簧床垫和棉被等透气，达到保养的目的；另一方面又无须担忧会有客人突然闯进来。

（6）注意墙角。墙角往往是蜘蛛结网和灰尘积存之处，也是客人重视的地方，需要留意打扫。

2. 走客房的清扫

（1）卧室清扫程序"十字诀"

①开：开门、开窗。

②清：清理纸篓和垃圾（包括地面的大垃圾）。

③撤：撤出用过的茶水具、玻璃杯、脏布件。如果有客人用过的餐具也一并撤去。

④做：做床。

⑤擦：擦家具设备及用品。

⑥查：查看家具用品有无损坏，配备物品有无短缺，是否有客人遗留物品，边擦拭边检查。

⑦添：添补房间客用品、宣传品和经洗涤消毒的茶水具（此项工作后应进行卫生间的清扫整理）。

⑧吸：地毯吸尘由里到外，同时对清扫完毕的卫生间地面吸尘。

⑨观（关）：观察房间清洁整理后的整体效果，关窗、纱帘、空调、灯、门等。

⑩登：在服务员工作日报表上做好登记。

（2）卧室清扫的具体操作规范

①按照饭店规定的进入客房的规范开门进房。将房门完全打开，工作车挡住门口，清洁牌挂于门把手上，直到该房间清扫完毕。

②检查灯具。将房间里所有的灯具开关打开，检查灯具是否有毛病。检查后随手将灯关上，只留清洁用灯。一旦发现灯泡损坏，立即通知维修人员前来更换。

③拉开窗帘、打开玻璃窗。拉开窗帘时应检查帘子有否脱钩和损坏情况。必要时应打开空调，加大通风量，保证室内空气的清新，同时检查空调开关是否正常。

④观察室内情况。主要是检查客人是否有遗留物品和房内设备用品有无丢失和损坏，以便及时报告主管。

⑤若房间有加床，用完后及时撤出。

⑥进入房间按顺时针或逆时针顺序将房间内的垃圾全部收入房间的垃圾袋，并放入工作车中。

⑦将床上散落的物品整理归位。

⑧撤走用过的床单和枕套，把脏布件放进清洁车内。收去脏布件时带入相应数量的干净布件。

⑨做床。中式铺床因其方便客人，减轻服务员工作量而被饭店广泛采纳。

撤床程序

主要步骤	注意事项
1.卸下枕头套	1.注意枕下有无遗留物品。 2.留意枕头有无污渍。
2.卸下被套	留意被芯有无污渍。
3.揭下床单	1.从床褥与床架的夹缝中逐一拉出。 2.注意垫单是否清洁。 3.禁止猛拉床单。
4.收取撤下的床单、枕套、被套	点清数量。

中式铺床程序

主要步骤	注意事项
1.准备工作	1.屈体下蹲，将床架连床垫慢慢拉出，到方便操作的位置。 2.将床垫拉正放平，注意褥子的卫生状况。
2.铺床单	1.一次甩单定位，床单正面朝上，中线居床正中位置，四周吊边均等。 2.床边包角，四边紧绷、平整，不外露，床面平整。
3.套被芯	一次展开被套，将被芯四角套入被套四角，四角、四边重合饱满。
4.被子定位	1.站于床尾或床侧，甩被子定位，被子中线居中，两边吊边一致。 2.床头处被子翻折一角，离床头45厘米。 3.被子每边平整美观。
5.装枕（枕芯、定位）	1.枕芯四角与枕套四角重合。 2.枕头放于床头正中，距床头5~10厘米。 3.单人床枕套口与床头柜方向相反，双人床枕套口互对。
6.整理	1.从床尾部将床缓缓推进床头板下。 2.对整体效果进行整理和审视。

注：操作时不能跪床，不能跑动，不能有拍打的动作，操作中被套、被芯、床单等不能着地。

⑩擦拭灰尘，检查设备。从房门开始，按环形路线依次把房间各家具、用品抹干净，不漏擦。凡手能触及的物件和部件都要抹干净。在除尘中注意需要补充的客用品和宣传品数量，检查设备是否正常。注意擦拭墙脚线。

房门：房门应从上到下、由内而外抹净。把窥视镜、防火通道图擦干净。看门锁是否灵活，"请勿打扰"牌、"早餐"牌有无污迹。

风口与走廊灯：风口和走廊灯一般定期擦拭。擦走廊灯时应注意使用干抹布。

壁柜：擦拭壁柜要仔细，要把整个壁柜擦净。抹净衣架、挂衣棍，检查衣架、衣刷和鞋拔子是否齐全。

酒柜：里外均要擦净。

行李架（柜）：擦净行李架（柜）内外，包括挡板。

写字台、化妆台：擦拭写字台抽屉，应逐个拉开擦。如果抽屉仅有浮尘，则可用干抹布"干擦"。同时检查洗衣袋、洗衣单及礼品袋（手拎袋）有无短缺。从上到下擦净镜框、台面、梳妆凳，注意对桌脚和凳腿的擦拭，可用半湿抹布除尘。擦拭梳妆镜面要用一块湿润的和一块干的抹布。操作时要小心和注意安全。擦拭完毕，站在镜子侧面检查，镜面不得有布毛、手印和灰尘等。擦拭台灯和镜灯时，应用干布，切勿用湿布抹尘。如果台灯线露在写字台外围，要将其收好，尽量隐蔽起来。灯罩接缝朝墙。写字台上如有台历，则须每天翻面。检查写字台物品及服务夹内物品，如有短缺或破旧，应添补或调换。

电视机：用干抹布擦净电视机外壳和底座的灰尘，然后打开开关，检查电视机有无图像，频道与电视节目单是否相符，颜色是否适度。如有电视机柜则应从上到下、从里到外擦净。

窗台：先用湿抹布，然后再用干抹布擦拭干净。推拉式玻璃窗的滑槽如有沙粒，可用刷子加以清除。将玻璃窗和窗帘左右拉动一遍。

地灯：用干抹布抹净灯泡、灯罩和灯架。注意收拾好电线，将灯罩接缝朝墙。

沙发、茶几：擦拭沙发时，可用干抹布掸去灰尘，注意经常清理沙发背后与沙发垫缝隙之间的脏物。先用湿抹布擦去茶几上的污迹，然后用干抹布擦干净，保持茶几的光洁度。

床头板：用干抹布擦拭床头灯泡、灯罩、灯架和床头挡板，切忌用湿抹布擦拭。擦完床头后，再次将床罩整理平整。

床头柜：检查床头柜各种开关，如有故障，立即通知维修。调整好床头柜的电子钟。擦拭电话机时，首先用耳朵听有无忙音，然后用湿抹布抹去话筒灰尘及污垢，用酒精棉球擦拭话机。检查放在床头柜的服务用品是否齐全，是否有污迹，或客人是否用过。

装饰画：先用湿抹布擦拭画框，然后再用干抹布擦拭画面，摆正挂画。如果服务员身高不够，需要借助他物增高时，应注意垫一层干净的抹布或脱鞋操作，防止弄脏他物；

空调开关：用干抹布擦去空调开关上的灰尘。

⑪ 按饭店规定的数量和摆放要求添补客用品和宣传品。

用干净托盘带进已消毒的茶水具、玻璃杯等。更换添补的物品均应无水迹和脏迹。

⑫ 清洁卫生间。按卫生间的清扫程序操作。

⑬ 吸尘（注意吸尘器不可用来吸水、大块物体或尖硬物体）。吸尘按地毯表层毛的倾倒方向进行，由里到外、从左到右吸尘一遍。吸净地毯灰尘及房间内大理石上的灰尘和毛发。发现地毯上有脏迹，及时用地毯液清洗，若是顽渍无法消除，及时通知相关部门派专人进行计划保养。彻底吸床底和房间四周边角等部位。吸卫生间大理石，用管头吸边及浴缸内的杂物和毛发。

⑭ 离开客房之前再检查和回顾一遍，看是否有漏项，家具摆放是否正确，床是否美观，窗帘是否拉到位等。如发现漏项应及时补做。

⑮ 在房间及卫生间内喷洒空气清新剂。

⑯ 关掉空调和所有灯具，然后将房门锁好。

⑰ 取下清洁牌，放回工作车，登记客房清洁整理情况。每间客房清扫完成后，要认真填写清扫的进出时间，布件、服务用品、文具用品的使用和补充情况，以及需要维修的项目和特别工作等。

（3）卫生间清扫"十字诀"

①开：开灯、开换气扇。

②收：收走客人用过的毛巾、洗涮用品以及垃圾。

③冲：放水冲马桶，滴入清洁剂。

④洗：清洁浴缸、墙面、脸盆和抽水马桶。

⑤擦：擦干卫生间所有设备和墙面。

⑥消：对卫生间各个部位进行消毒。

⑦添：添补卫生间的棉织品和消耗品。

⑧刷：刷洗卫生间地面。

⑨吸：用吸尘器对地面吸尘。

⑩观（关）：观察和检查卫生间工作无误后即关灯并把门虚掩，将待修项

目记下来上报。

（4）卫生间清扫的具体操作规范：

①开亮浴室的灯，打开换气扇（一般换气扇和浴室灯开关是连在一起的，但有的饭店是分开的）。将清洁工具盒放进卫生间。有的饭店还在卫生间入口放上一块毛毡，防止将卫生间的水带入卧室。

②取走客人用过的毛巾及消耗品，清理纸篓垃圾，注意收走皂缸内的香皂头。

③放水冲净马桶，然后在抽水马桶的清水中倒入饭店规定数量的马桶清洁剂。注意不要将清洁剂直接倒在釉面上，否则会损伤抽水马桶的釉面。倒入清洁剂是为下一步彻底清洁马桶提供方便，因为马桶清洁剂要浸泡数分钟后方能发挥效用。

④清洁浴缸。将浴缸旋塞关闭，放少量热水和清洁剂，用百洁布从墙面到浴缸里外彻底清刷；开启浴缸活塞，放走污水，然后打开水龙头，让温水射向墙壁及浴缸（可配备一条1米多长的塑料管作冲水用），冲净污水，将浴帘放入浴缸加以清洁；最后把墙面、浴缸、浴帘用干布擦干。

浴缸内如放置有橡胶防滑垫，则应视其脏污程度用相应浓度清洁剂刷洗，然后用清水洗净。

用海绵块蘸少许中性清洁剂擦除镀铬金属件（包括水龙头、浴帘杆、晾衣绳盒等）上的皂垢、水渍，并随即用干抹布擦干、擦亮。清洁金属件时，注意不要使用酸性清洁剂，以免"烧坏"电镀表层。

注意清洁并擦干墙面与浴缸接缝处，以免发霉；注意清洁浴缸的外侧。

留意对皂缸缝隙的清洁，必要时可用牙刷刷净。

清洁浴缸应由上至下。

水龙头归位，喷头指向中央。

⑤清洁脸盆和化妆台（云台）。用百洁布蘸上清洁剂将台面、脸盆清洁，然后用清水刷净，用布擦干。用海绵块蘸少许中性清洁剂擦除脸盆不锈钢件上的皂垢、水渍，然后用干布擦干、擦亮。

⑥注意将毛巾架、浴巾架、卫生间服务用品的托盘、吹风机、电话副机、卫生纸架等擦净，并检查是否有故障。

⑦擦干镜面。可在镜面上喷少许玻璃清洁剂，然后用干抹布擦亮。

⑧清洁马桶。用马桶刷清洁马桶内部并用清水冲净，要特别注意对抽水马桶的出水孔和入水孔的清刷。用中性清洁剂清洁抽水马桶水箱、座圈、马桶盖的内外及外侧底座等。用专用的干布将抽水马桶擦干。

浴缸、马桶的干、湿抹布应严格区别使用，不允许用未报废的客用布草擦卫生间。

⑨对卫生间各个部位消毒。

⑩补充卫生间的用品，并按规定的位置摆放好。走客房的客用品必须全部更新，为下一位客人提供全新的住宿条件。标准间的客人用品配备一般采用AB色，用不同的颜色区分以方便客人固定使用。

⑪把浴帘拉好，一般拉出 1/3 即可。

⑫清洁脸盆下的排水管。

⑬从里到外边退边抹净地面。

⑭吸尘。

⑮环视卫生间和房间，检查是否有漏项和不符合规范的地方。带走所有的清洁工具，将卫生间门半虚掩，关上浴室灯。

（5）清洁卫生间注意事项

①清洁卫生间时必须注意不同项目使用不同的清洁工具和清洁剂，绝不能一块抹布抹到底。

②卫生间的清洁卫生一定要做到整洁、干燥、无毛发、无污迹、无皂迹、无水迹、无异味。

③对于浴缸的旋塞，必要时可以取出来清洁。清洁时，须彻底冲洗滤网，重新安上旋塞时，要拧紧，清洁脸盆活塞也须如此做。

④可在卫生间金属件上涂一层薄蜡，以免因脏水溅污而产生锈斑。

⑤清洁卫生间必须配备合适的清洁工具和清洁用品。

3. 住客房的清扫

按大多数饭店的传统做法，一般住客房每天清扫整理三次，即上午全面清扫整理，午后简单整理，晚间做夜床（寝前整理）。清扫时注意以下几点：

（1）进入客人房间前先敲门或按门铃。房内无人方可直接进入；房内若有人应声，则应主动征求意见，得到允许后方可进房。

（2）如果客人暂不同意清理客房，则将房间号码和客人要求清扫的时间写在工作表上。

（3）清扫时将客人的文件、杂志、书报稍加整理，但不能弄错位置，更不准翻看。

（4）除放在纸篓里的东西外，即使是放在地上的物品也只能替客人做简单的整理，千万不要自行处理。

（5）客人放在床上或搭在椅子上的衣服，如不整齐，可挂到衣柜里，睡衣、内衣也要挂好或叠好放在床上。女宾住的房间更须小心，不要轻易动其衣物。

（6）检查客人的酒水消耗及有无预过期酒水（指距离保质期到期不足两个月的酒水）情况，填写酒水单，第一时间送交领班。若客人在房，在征得客人意见后，5分钟之内将酒水单送入客人房间，请客人签名确认。

（7）擦壁柜时，只搞大面卫生即可，注意不要将客人衣物搞乱搞脏。

（8）擦拭行李架时，一般不挪动客人行李，只擦去浮尘即可。

（9）女性用的化妆品，可稍加整理，但不要挪动位置；即使化妆品用完了，也不得将空瓶或纸盒扔掉。

（10）要特别留意不要随意触摸客人的照相机、计算机、笔记本和钱包等物品。

（11）房间如需更换热开水，注意水温不得低于90℃，换进的水瓶注意擦拭干净；如使用电热水瓶，则应更换新水，以免产生水垢。

（12）房间有客人时，可将空调开到中挡，或遵从客人意见；无人时则可开到低挡上。

（13）房间整理完毕，客人在房间时，要向客人表示谢意，然后退后一步，再转身离开房间，轻轻将房门关上。

4. 空房的整理

空房的整理虽然较为简单，但必须每天进行，以保持其良好的状况。主要包括：

（1）每天进房开窗、开空调，通风换气。

（2）用干抹布除去家具、设备及物品上的浮尘。

（3）每天将浴缸和脸盆的冷热水及马桶的水放流并抹干，放水时间长短以水不发黄为准。

（4）如果房间连续几天为空房，则要用吸尘器吸尘一次，地毯以毛顺、无毛絮和杂物为准，地毯上有污点可用地毯液彻底清洗。

（5）检查房间物品配备是否齐全，所有电器是否正常。

（6）检查天花板上有无灰尘，地面有无虫类。

（7）检查浴室内"五巾"是否因干燥而失去弹性和柔软度，必要时，要在客人入住前更换。

5. 夜床的整理

夜床的整理，即"夜床服务"或"做夜床"，又称"晚间服务"。

（1）夜床整理的意义。夜床服务的内容包括做夜床、房间整理、卫生间整理三项任务，是一种高雅而亲切的对客服务形式。其意义主要有三点：一是方便客人休息；二是整理环境，使客人感到舒适温馨；三是表示对客人的欢迎和礼遇规格。

（2）夜床服务操作程序。夜床服务通常在晚上 6:00 以后开始，也可在客人到餐厅用晚餐时进行，或者按服务台的要求进行。

①按房间数量准备相应数量的点心、糖、水果、报纸放于托盘上。

②进客房前要敲门或按门铃，并通报自己的身份和目的，如果客人在房内，则应经住客同意方可进入，并礼貌地向客人道晚安。如果客人不需要开夜床，服务员应在夜床表上做好登记；如果客人挂"请勿打扰"牌，应将夜床服务卡塞入门缝，在夜床服务表上注明；等客人取消"请勿打扰"牌出去后，补开夜床；客人出来后，服务员要征求客人意见是否可以补开夜床，以免客人外出忘记取消"请勿打扰"牌而出现漏做夜床现象。

③打开卫生间排气扇。

④打开房间所有灯具，检查是否工作正常。

⑤将空调开到指定的刻度上。

⑥轻轻拉上遮光窗帘和二道帘。

⑦将报纸放于服务指南正左侧；点心、糖放于写字台面报纸正上方，点心在左，糖在右；将水果放于果篮内，放于茶几正上方；刀叉、碟放于茶几中间偏左侧；洗手盅放于茶几中间偏右侧。

⑧开床：将床罩从床头拉下，整理好，放在规定的位置。将靠近床头一边的棉被连同衬单（盖单）向外折成45°角（若是大床则开30°角），以方便

客人就寝。将床面整理平整，无褶皱，枕头饱满充实，并将其摆正，检查床上有无毛发，如有睡衣应叠好放置于枕头上。双床房住一人时，以床头柜为准，开墙边近浴室的一张床，折角应朝向卫生间；双人床睡两人时，可两边都开；两人住双床房，则各自开靠床头柜的一侧，也可同方向开。

⑨将早餐牌放于折叠好的床头上，中文朝上。

⑩若客人是第一天入住，将礼物、鲜花放于开床一侧的枕头上。如果规定有一次性拖鞋，则在开夜床折口处下方摆好拖鞋。

⑪清理杯具、倒垃圾，如有用膳餐具也一并清除。台面、桌面、茶几面擦尘及各物品定位，补充小物品，如茶叶等。

⑫整理卫生间：倒掉垃圾，更换垃圾袋；整理台面，物品定位摆放；将地巾放在浴缸前正中间地面上，店标朝上；将浴帘放入浴缸内，并拉出2/3，以示意客人淋浴应将浴帘拉上并放入浴缸内，避免淋浴的水溅到地面；将用过的毛巾收去并换上干净的毛巾，也可将用过的毛巾按规定整理后摆好；如有加床，增添一份客用品。

⑬检视一遍卫生间及房间，除夜灯和走廊灯外，关掉所有的灯并关上房门。如果客人在房内，则不用关灯，向客人道别后退出房间，轻轻将房门关上。

⑭在开夜床报表上登记。

（四）房间周期大清洁

1. **换洗布草及装饰**

将窗帘、纱帘、浴帘拆下，记清楚房间号后送洗。更换干净被套。将棉被、保护垫送洗。

2. **清理电器**

拔下冰箱、电视等电器插头，除去插座的污垢。擦干净电线、电器插座、电视机。擦净电话并进行消毒。

3. **清理电镀件、铜件**

在铜器周围铺上报纸以防铜液溅到地毯上；将铜液摇匀，均匀涂在抹布上；用抹布擦到铜器表面，两分钟后，用干净抹布擦拭表面，来回摩擦至光亮。

4. 刷窗户

戴上手套,将纱窗取下到卫生间清洗。用湿抹布将窗框积灰、浮尘刷洗干净。关上窗户。

5. 保养房间设施设备

用专用清洁剂擦空调进出风口。抹干净床腿;用鸡毛掸子扫净天花及墙角的灰网;用刷子刷台灯、落地灯、床头灯罩缝内积灰,再用吸尘器轻吸表面浮尘。用壁纸清洁剂洗去墙纸上的污渍,再用干净的抹布抹干墙壁。用地毯液及清水洗去地毯上的污点。冰箱除霜、除污渍。

6. 保养床垫,定期翻转

(1)检查标号。核实床垫上的标号,按每季度三个月份编号,号迹清晰;床垫编号分别贴于床垫的两面,位置准确;正面为一、三季度,反面为二、四季度;正面标号"1、2、3月"贴于床垫右下角,标号"7、8、9月"贴于床垫左上角;反面标号"4、5、6月"贴于床垫左下角,"10、11、12月"贴于床垫右上角。

(2)翻床垫。在每季度第一个星期完成,顺序如下:第一季度标号"1、2、3月"在右下角,标号"7、8、9月"在左上角。第二季度将床垫正反翻转180°,使标号"4、5、6月"在右下角。第三季度正反翻转180°,使标号"7、8、9月"在右下角。第四季度将床垫再翻转180°,使标号"10、11、12月"在右下角。第一季度将床垫再翻转180°,使标号"1、2、3月"在右下角,以此类推。

(3)填写表格。在翻完每一间房的床垫后,要立即在相关登记上注明。

7. 家具上蜡

先将房间家具抹一遍尘。按抹尘顺序将房间内家具上蜡,打蜡要均匀,然后将家具恢复原位。

8. 清洁卫生间

(1)关闭卫生间排气扇开关,将排气扇外壳取下,抹去排气扇机身积尘。

(2)清洁天花板及棱上的积尘。

(3)掸掉墙角灰尘。

(4)用不锈钢油将卫生间电镀件彻底擦亮。

(5)抹壁画,抹净地面、灯架及灯泡。

（6）刷洗马桶、水箱。

（7）从上到下用铲子将卫生间墙及地板和面盆下四周瓷砖或大理石上的污垢铲去，然后用清洁剂刷洗，用水冲干净。

（8）刷洗三缸（浴缸、面盆、马桶），用百洁布涂上适量的清洁剂彻底刷洗浴缸、面盆、马桶，用清水将三缸冲干净。

（9）在卫生间门口云石台侧面喷上洗洁剂，用刷子刷掉污迹，用水冲干净。

（10）清洁镜面，将玻璃清洁剂喷洒在干净的抹布上，用干抹布从上至下擦净，直至镜面无污渍，光亮。

（11）分别用干抹布依次抹干卫生间墙、门板框、浴缸、地面；用干抹布抹干卫生间所有金属制品。

9. 吸尘

吸干净房间及卫生间边角位地面，做到无杂物、无毛发。物品恢复原位。

（五）客房布件的管理

应做到合理存放，先洗先出，定期盘点。

1. 布件的保养

加强对布件的保养，能提高布件的使用质量，保证并适当延长布件的使用寿命。同一房间内的布件新旧程度应一致，不能有明显差距。主要应做到：

（1）尽量减少库存量。

（2）新布件必须经洗涤后才能投放使用。

（3）备用布件要按先进先出的原则投入使用。

（4）洗涤后的布件要放置一段时间，以利其散热、透气。

（5）要消除污染和损坏布件的隐患。

2. 布件的储存

布件应在合适的环境下按正确的要求储存。布件的储存环境和要求主要有下列几项：

（1）具有良好的温湿度条件：库房的温度以不超过20℃为佳，湿度不大于50%，最好在40%以下。

（2）通风透气，防止微生物繁衍。

（3）墙面材料须经过防渗漏、防霉蛀处理，地面材料以 PVC 地砖为佳。

（4）保持清洁。

（5）布件分类上架，并附有货卡。

（6）布件房不能存放其他物品，特别是化学物品、食品等。

（7）布件应加防护罩，以防止积尘、变色。

（8）要有消防设施和器材。

（9）限制无关人员进出布件存放区域。

（10）定期进行安全检查。

（六）客房检查

客房检查一般包括四个方面：清洁卫生质量、物品摆放、设备状况和整体效果。

对客房进行检查时，主要采用看、摸、试、嗅、听等方法。

①看：检查人员通过目测，看客房的整体状况是否合格。

②摸：检查人员通过手摸，看客房各处是否有灰尘。

③试：检查人员通过试用，检测设备是否正常完好。

④嗅：检查人员通过鼻子嗅，辨别客房内有无异味。

⑤听：检查人员通过耳朵听，检查客房内有无异常声响。

由于客房内需要检查的部位和设备用品很多，为了防止疏漏，检查客房要按顺时针或逆时针方向依次进行。

三、对客服务

（一）迎客准备工作

客人到达前的准备，是接待服务过程的第一个环节，要求做到充分、周密和准确，并在客人到达饭店前完成，如此才能为整个楼层接待工作的顺利进行奠定良好的基础。

1.了解情况

客房服务员接到客人开房的通知后，应详细了解客人到、离店的时间、人数、国籍和身份；了解接待单位、客人生活标准要求和收费办法；还需了解客人的宗教信仰、风俗习惯、健康状况、生活特点、活动日程安排等情况，做到情况明、任务清。

2. 为客人准备好各种消耗用品

根据客人的风俗习惯、生活特点和接待规格，调整家具设备，铺好床，备好冰水、水杯、茶叶、水具及其他生活用品和卫生用品，补充小冰箱的饮料等。

接待贵宾的客房，还应按照接待规格，准备相应的鲜花、水果、糕点以及名片等。

3. 检查设备和用品

客房布置好后，要进行一次细致的检查。房内的家具、电器、卫生设备如有破损，要及时报修和调换，前一天未住人的客房要试放面盆、浴缸、输水管道中的冷热水，如发现水质混浊，须放水直到水清为止。要按接待规格检查客房应配备的物品是否齐全，对于客人宗教信仰方面忌讳的用品，要及时从客房撤出来。客人到达前要调节好室温，如果是晚上则要开好夜床。

（二）客人到店迎接工作

客人到达客房楼层时，由于长途旅行的疲劳，急于想得到安静的休息。因此，与过去相比，客人到达楼层的迎接服务已大大简化，充分体现了饭店处处为客人着想的宗旨。

1. 热情迎宾（设立楼层服务台的饭店或对 VIP 客人的接待）

（1）接到新客人入住信息或电梯铃响时，应迅速站到相应的位置等候客人，并注意检查一下自己的仪容仪表。

（2）见到客人，笑脸相迎，主动问好。

（3）如是新到客人应向客人微微鞠躬行礼表示衷心的欢迎，并自我介绍，核实房间号。

（4）如是客人外出归来，应尽量以客人姓氏称呼以示对其尊敬。

2. 引领客人入房

如有行李员引领客人入房，则楼层服务员先请客人进房休息，然后马上准备茶水和毛巾。如是楼层服务人员带客人入房则应注意以下几点：

（1）接过客人的房间钥匙，帮助客人提拎行李。

（2）如客人的房间在走廊的右侧，则服务员应在客人的左前方引领。

（3）引领过程中，如遇拐弯、上下楼梯，则应停下向客人伸手示意。

（4）到达房门前，放下行李，先敲门确认后，打开房门，请客人先进，然后服务员提行李进入。

（5）进房后应征求客人意见摆放行李。

3. 介绍房间设备

（1）向客人简要介绍一下房内的设备，并告知客人如有什么需要可用电话通知楼层服务台或客房服务中心。

（2）需要注意的是，为客人介绍房间设备时，为避免过多地打扰客人或避免使客人产生误会，服务员应根据经验把握这样一个原则，即特殊设备一定介绍，一般设备不必介绍，语言得体，简明扼要。

（3）最后向客人道别并祝客人在饭店生活愉快。

（4）退出房间时应注意面朝房内将门轻轻带上。

（5）如果客人旅途疲劳，来不及仔细介绍房内设施及使用方法，应找适当机会跟客人说明，以免使用不当造成不必要的损失。

4. 端茶送水

目前，大多数饭店已取消此项服务，但如果饭店要求实行"三到"服务（客到、茶到、毛巾到），要按要求做，一般国内的 VIP 客人都要为其提供此项服务。

（1）根据客房部的安排，或客人的需求，准备好相应的茶具和茶叶，并记清房间号。

（2）客人需要送茶水服务时可电话要求，服务员应询问客人要几杯茶，是红茶、花茶还是绿茶（饭店必备的三种茶），并记清房间号。

（3）在最短的时间内做好准备，泡好茶，要点是：茶具干净，无破损；茶叶放适量，开水冲泡，七成满即可；盖上杯盖，将泡好茶的茶杯放在垫有小方巾的托盘内。

（4）用托盘送茶到客人房间。

（5）敲门通报，征得客人的同意后进房。

（6）谢谢客人开门，并说："让您久等了。"

（7）将茶按先宾后主或先女士后男士的顺序放在客人方便拿取的地方，如茶几上、衣柜上、梳妆台上等，看宾客坐的位置而定。从托盘内拿出茶水时应先拿外面的，后拿靠里的，杯把朝向客人，同时说："请用茶。"

（8）茶水全部放下后询问客人是否需要其他帮助。

（9）礼貌地向客人告退，离开房间，轻轻将门关上。

5. 注意事项

（1）无论几杯茶都要使用托盘。

（2）托盘方法一定要正确，防止泼洒，尤其是在客人面前一定要十分小心。

（3）根据客人情况，确定是否在送茶的同时送上热毛巾，热毛巾和茶杯放在同一个托盘内，先送毛巾，再送茶杯。毛巾要用镊子夹住送给客人。毛巾温度约60℃。

（4）看到客人送客，或是客人电话要求，要及时进房收拾。

（三）客人住店期间的服务

1. 整理房间

客人住店期间，要经常保持客房整洁，按饭店"住房清扫程序"进行整理。

（1）清洁卫生工作要做到定时与随时相结合，每天上午按照程序进行彻底清扫和整理。

（2）午餐前进房保洁、暖瓶换水。

（3）午休后进房间简单整理。

（4）晚饭后进房送水、开夜床。

（5）客人外出后可随时进房进行简单的清扫等。

2. 楼面保安

安全是客人的第一需要，而客房服务员则被人们看作饭店客房的保安员，因为他们是唯一待在客房楼面和经常使用楼层万能钥匙的人。楼层应建立安全措施和安全检查制度。

（1）检查房内设备有无不安全因素，对电器设备、门锁和猫眼等要进行重点检查。

（2）管理好万能钥匙：除自己的领班或主管外，严禁把楼层万能钥匙外借或转交他人，即便是饭店的其他员工也不行。

只有在两种情况下，客房服务员才能为没有住宿凭证的客人打开房间：一是百分之百地肯定该客人正是该房间的住客，二是客人持有大堂副理或接待处主管签发的要求服务员为其打开房门的证明。

实行钥匙的签领和签收制度。

（3）上班要穿规定的制服。工作之余，客房服务人员不能穿着自己的衣服进入客房。其余部门的员工，如木工或电工，只允许穿戴规定的制服、帽子进入客房进行维修保养工作。同时，客房服务员要监护其工作的完成。这种做法不仅可以维护客房的安全，而且可以保证客房的清洁。

（4）保护客人的生命财产安全。未经客人同意，不得将访客引入客房内；客人不在或没有书面指示的情况下，即使是客人的亲人、朋友或熟人，也不能让其拿走客人的行李和物品。对出现在楼面的陌生人，客房服务员必须走近他，问清他的目的，如有疑点，必须打电话向保安部反映情况。

（5）替住客保密。有关客人的身份、客人携带的物品等不得告诉他人，特别是重要人物的房间号及行踪更不能泄露，要严守客人的秘密。

（6）整理住客房间时，如遇客人进入房间，应请客人出示房卡或其他住宿凭证，以防止不法分子借机犯罪。

3. 会客服务

（1）会客服务主要是为住客做好会客前的准备工作。在访客来访前约半小时做好所有准备。

（2）协助住客将来访客人引领到客人房间（事先应通知住客）。

（3）送水或送饮料服务（规范与端茶送水相同）。

（4）及时续水或加饮料。

（5）访客离开后及时撤出加椅、茶具等，收拾房间。

（6）做好访客进出时间的记录，如已超过访问时间（一般晚 11:30 后），访客还未离开，根据饭店规定，可先用电话联络，提醒住客，以免发生不安全事故。

（7）对没有住客送的访客要特别留意。

4. 洗衣服务

（1）洗衣服务程序：

①房内均配有可重复使用的布料洗衣袋及洗衣单。

②客人电话通知或将须洗衣物袋放在门边，服务员接到电话或发现后应及时收取。

③楼面服务员每天 9:30 前进房检查客房时，留意房内有无客人要洗的衣

物袋，发现后，及时收取。

④通知洗衣房服务员到楼层收取。

⑤洗衣房服务员在下午3:00后将洗好的衣服送到楼层服务台。

⑥楼层服务员按房间号将衣服送入客房，按饭店规定放在固定的地方。

（2）洗衣服务中的注意事项：

①收取客衣时要点清衣物数量是否与客人所填写的相吻合，如有偏差，当面向客人问清后纠正。

②检查衣物有无破损、特殊污点等，以免引起麻烦。

③看衣物质地是否会褪色、缩水，若客人要求湿洗，则应向客人当面说明，以免出现问题时责任不清。

④洗衣分快洗和慢洗，费用相差50%，所以要向客人说明，以免结账时出现争执。

⑤若客人有特殊需求，应在洗衣单特殊要求一栏注明。

⑥四星、五星级的饭店还应提供客衣的修补服务。

⑦鉴于很多客人待洗衣服的价值远远超过洗涤费的10倍，如果衣服损坏或丢失，按洗涤费的10倍进行赔偿远不能补偿客人的损失，饭店可考虑推出"保价洗涤收费方式"，即按客人对其所送洗衣物保价额的一定比例收取洗涤费。

5. 擦鞋服务

（1）擦鞋服务程序：

①房内均备有鞋篮，客人将要擦的鞋放在鞋篮内，或电话通知，或放在房内显眼处，服务员接到电话或在房内看到都应及时收取。

②用纸条写好房间号放入鞋内。

③将鞋篮放到工作间待擦。

④在工作间地上铺上废报纸，擦鞋前先分清皮鞋的颜色和质地，切忌用错鞋油。

⑤对磨砂皮鞋不能用鞋油，用擦鞋布擦掉表面一层浮尘即可。

⑥不确定用何种鞋油时，必须请示上级主管。

⑦擦鞋要求鞋面光亮，鞋底无灰、泥。

⑧半小时之内将擦好的鞋放入鞋篮送入房内。

⑨将皮鞋稍微移位摆放，否则会让客人误认为没有提供擦鞋服务。

（2）擦鞋服务中的注意事项：

①要避免将鞋送错房间。

②对没有相同色彩鞋油的待擦皮鞋，可用无色鞋油。

③电话要求服务的客人，通常是急于用鞋，所以要尽快提供服务，并及时将鞋送回。

6. 托婴服务

为了方便带婴幼儿的客人不因小孩的拖累而影响外出，客房部还应为客人提供婴幼儿托管服务，并根据时间的长短收取相应的服务费。托婴服务是一项责任重大的工作，决不可掉以轻心。

（1）客人提出托婴服务申请时，应问清小孩的年龄、照看的时间等，请客人填写婴儿照看申请单，并告诉客人有关饭店的收费标准等注意事项。

（2）照看者必须有责任心、可靠，并有一定的保育知识。最好由已婚妇女，有带孩子经验的服务员承担此项工作。

（3）必须按客人要求照看小孩，事先了解小孩的特性以及家长的要求，不给小孩吃不该吃的东西，不要把小孩带离指定的地方，不能让别人代看，即使小孩睡着也不能离开，确保小孩安全。

7. 礼品赠送服务

饭店有时会向客人赠送礼品，对客人进行感情投资，使客人真切感受到饭店是他们的"家外之家"，同时起到营销推广的效果。

（1）在选择礼品时，应尽量选择具有一定纪念意义、有饭店特色或具有某些艺术含量，或为受礼人所喜爱的小艺术品、小纪念品和画册等，并要注意客人的喜好和禁忌。一般应是便于携带和运输的物品。

（2）最好以总经理或经理代表身份赠送，以示对客人的尊敬。

（3）赠送礼品要选择合择的时间、场合，如客人的生日、中秋节、春节等。

8. 会议服务

由于会议形式多样，参会人数有多有少，常规的会议室要应会议要求做相应的布置，并根据会议性质提供配套服务。

（1）常见的会议种类：

①会见——身份相近的双方就礼节、政务和事务等方面的原因进行短时间

的互相交流。

②会谈——双方或多方就某些重大的政务、军事、经济文化、科技等方面共同关心的问题进行商谈的一种形式。

③签字仪式——双方或多方就某项具体事务达成一致，各方首席代表代表本方在文件上签署自己名字的一种仪式。

④讲座——就某专题进行阐述的一种会议形式。

⑤专业会议——就某专题有组织、有领导地商讨的一种集会形式。

（2）会议前的准备工作。是会议服务的首要和必要程序，为了提供让客人满意的会议服务，会议服务人员必须先了解清楚下列信息：

①会议类型。

②到会人数。

③会议时间。

④提供何种饮品。

⑤会议性质。

⑥参会领导名单。

⑦特殊要求。

⑧会务组织人的联系方式。

（3）会议过程中的服务：

①会议客人到达后时，应打招呼问好，为客人开门，礼让入场。

②客人就座后，按次序为客人泡茶并说"请"；泡茶时将杯盖反扣在桌上，再将茶杯端起，侧身弯腰将水冲进，以倒至八成满为止，放回桌上，杯把向右，盖上杯盖；是否送小毛巾则视会议组织者要求、会议档次或到会人数多少而定。

③会议中间定期更茶续水或补充饮料。

④若会议组织方要求上点心和水果，将点心和去皮后切好的水果放在小盘中，配上点心叉和水果叉，每人一盘，以方便取用。

⑤会议结束时，打开会议室门，与客人说再见。

（4）会议服务中的注意事项：

①会议室还有会议时，楼层应保持安静，无关人员应回避。

②服务人员应配合保安人员做好安全服务。

③会议过程中的更茶续水不宜过于频繁，动作要轻。

9.饮料服务

旅游饭店一般在客房内设有小酒吧，放有各种饮料，由客人自由取用，并按价目表收取费用。既方便客人，又增加饭店收入。小酒吧管理程序如下：

（1）零星客人结账时由客房中心联络员通知到楼层服务台，楼层服务员应立即进房查核小酒吧，并在房内拨电话，将该房客人饮用的饮料品种及数量通知前台收银处。

（2）服务员根据客人进店、离店通知，在团队离店前半小时，将该团队所有客房内的小酒吧查核一遍，开好饮料账单，由领班送至前台收银处。

（3）住店客人房内的小酒吧，由服务员每天上午换茶具和晚间做夜床时逐一查核，如有饮用，立即补充，并将饮料的品种和数量记录在工作单上，开好账单，领班据此填写小酒吧日消耗单。

（4）早班领班在上班之后和下班之前、晚班领班在下班前，分别将楼层服务员开的饮料账单送到客房中心。

（5）早班领班上班后，立即核对饮料柜中的饮料，做好报表，并按定量将饮料发给各楼层服务员，供补充客房小酒吧。晚班领班在晚班服务员下班前将用不完的饮料收回到饮料柜中。

（6）每周日，由领班对楼层饮料柜进行盘点，做出一周饮料消耗表，交由楼层主管核对。物品领发员于次日根据楼层消耗数量将饮料发到楼层。

（7）每日全部楼层的饮料消耗账目由夜班服务员完成。每天 0:00，夜班服务员从前台收银处收回所有饮料账单的回单，与早、晚班领班填写的饮料消耗单核对，并按楼层分类，逐一订好。若回单与消耗单相符，则将此数据登记在饮料消耗总账簿上；若有疑问则另做记录，交由秘书核对，楼层主管负责查清原因。

（8）每月底由服务员对房内小酒吧、领班对楼层饮料柜中的饮料进行检查，如有接近保存期限的，立即与仓库调换。

10.对客租借物品

（1）对客租借物品程序：

①客人电话要求或向楼面服务员要求。

②仔细询问客人租用物品的时间。

③将物品准备好送到客人房间。

④请客人在租借物品登记表上签名。

⑤客人归还物品时做好详细记录。

（2）对客租借物品注意事项：

①对一些电器用品，如电熨斗等，在客人租用时提醒其注意使用安全。

②早晚班服务员在交接班时，将客人租借物品的情况及手续移交下一班次，以便继续服务。

③如过了租借物品归还时间，客人仍未归还，可主动询问，特别是在客人离店前，询问时要注意方式。

11.**迎梯服务**

（1）站在楼层电梯处规定的位置，集中思想，注意客人进出及电梯上下的动态，随时准备提供服务。

（2）当客人向电梯走来时，应先为客人按铃叫梯，当客人走近身边时，应有礼貌地主动向客人打招呼"您好，先生／女士"。

（3）当电梯上来开门时，要上前，用手挡住电梯门，另一只手作请客人进电梯的姿势。

（4）电梯开门后，如发现电梯与地面不平时，要提醒客人小心，请走好。

（5）客人步入电梯后，在电梯门即将关闭时，要面对客人微笑行礼。

（6）服务完毕后，回到原站立的位置。

12.**客人遗留物品处理**

客人在住店期间或离店时，难免会遗忘或丢失物品，饭店应有客人遗留物品处理的规定和程序，以协助客人找、领自己的物品。这会使客人感到饭店服务工作的尽善尽美。

（1）判断物品是客人扔掉的，还是遗留的。

（2）若在走客房内发现客人遗留的贵重物品，服务员应立即打电话通知客房中心；若是零星客人，中心值班员应立即与前台联系，设法找到客人；若是团队客人，则与团队联络员联系。若仍找不到失主，要立即呼叫大堂副理处理，服务员应立即把物品送到客房中心。

（3）房内遗留的一般物品，由服务员立即在工作单上"遗留物品"一栏内登记。下班前，在遗留物品单上清楚地填上遗留此物品的房间号、物品名称、数量、质地、颜色、形状、成色、拾物日期及所住客人的姓名。一般物品要与食品、钱币分开填写。

（4）早、晚班服务员收集的遗留物品交到客房中心后，均由晚班的中心值班员负责登记。

（5）钱币及贵重物品经中心值班员登记后，交主管进行再登记，然后交秘书保管。

（6）一般物品整理好后与遗留物品单一道装入遗留物品袋，将袋口封好，在袋的两面写上当日日期，存入遗留物品室内的格档中，并贴上写有当日日期的标签。

（7）遗留物品室每周由专人整理一次。

（8）如有失主认领遗留物品，须验明其证件，且由领取人在遗留物品登记本上写明工作单位并签名；领取贵重物品须留有领取人身份证件的影印件，并通知大堂副理到现场监督、签字，以备查核。

（9）若客人打电话来寻找遗留物品，须问清情况并积极查询。若拾物与客人所述相符，则要问清客人来领取的时间。若客人不立即来取，则应把该物品转放入"待取项"中，并在客房中心记录本上逐日登记交接，直到客人取走为止。

（10）若有客人的遗留物品经多方寻找仍无下落，应立即向经理汇报。

（11）按国际惯例，客人的遗留物品保存期为一年，特别贵重物品可延长半年。如客人失物保存到饭店规定期限无人认领，饭店可按有关规定自行处理。

13. 个性化服务

（1）手写便条服务。VIP 或特殊住店客人，每天有针对性地提供富有个性化的手写便条服务，如祝贺、安慰、问候、提醒等，以增加亲情内涵。

（2）电话一键式服务。使用一键式饭店专用电话机，按图示客人可直接拨入客人需要的饭店部门，尤其是客人求医问药电话，更应有人 24 小时接听。

（3）客人专用物品服务。对饭店常住 VIP 客人，按客人喜好，提供带有客人姓名的客用品，如枕套、毛巾、拖鞋、床单等。

（4）特殊楼层服务。根据客人喜好、住店目的，提供特殊楼层服务，增加服务内涵，如行政楼层、无烟楼层、女士楼层、怀旧楼层等。

（四）客人离店时的服务

1. 客人离店前的准备工作

（1）掌握客人离店准确时间。

（2）检查代办事项，看是否还有未完成的工作。

（3）征求即将离店客人意见，并提醒客人检查自己的行李物品，不要遗漏。

2. 送别客人

（1）协助行李员搬运客人行李。

（2）主动热情地将客人送到电梯口，代为按下电梯按钮，以敬语向客人告别。

3. 善后工作

（1）迅速进入房间仔细检查。如有遗留物品，立即派人追送。来不及送还的，交客房中心登记处理。同时，还应检查客房设备和用品有无损坏和丢失。如发现损坏和丢失现象，应及时报告主管。

（2）处理客人遗留事项。

（3）迅速整理、清洁客房。

（4）填写房务报告表。

四、公共区域的清洁保养

（一）大堂

大堂是饭店的门面，也是饭店中客流量最大、宾客出入最繁忙的区域，需要不断地清洁保养，以给宾客留下良好的印象。大堂地面的铺砌和四周环境的装潢以及装饰物的摆设，往往关系到饭店留给客人的第一印象。大堂客流量大，地面、家具及装饰物极易受尘埃污染，如何做好这些方面的清洁保养，直接反映饭店形象和服务素质。

1. 大堂清洁卫生的内容

（1）雨雪天气常常会给大堂的清洁工作带来一系列的难题，人们的鞋底会带进冰雪、雨水或泥沙。因此，在这种天气下要在大堂入口处铺上蹭脚地垫或地毯，并安排专人对大堂入口处进行及时清洁，不断地擦地，确保地面没有水迹。同时察看脚垫是否铺好，如果脚垫过湿要及时更换。地毯上一旦发现污迹，必须当天清除，因为污迹留在地毯上的时间过长，就会很难清除。

（2）保持大堂地面和地毯的清洁，用尘拖不断地清除地面和地毯上的杂物。对大堂进一步保洁的工作，如地面的抛光、地毯的清洗，一般安排在夜间进行，因为那时来往的人员少，对宾客的影响较小。

（3）公共卫生间要随时保持清洁。对客人用过的卫生间，公卫人员要及时进行清理，如擦洗马桶内外、擦拭镜面和台面、卫生纸打角恢复原状、清倒纸篓等，并将滴落在地面上的水迹擦干，保持卫生间的卫生清洁、空气新鲜。

（4）大堂的大门及玻璃上常留有手印和污迹，公卫人员须及时进行擦拭。这些部位是最难保持清洁的，要安排公卫人员不断地进行清洁。

（5）大堂夜班公卫人员的主要工作内容是用抛光机对地面进行全面的抛光和清洁，清洗地毯，擦拭铜器和皮革制品，擦拭吊灯和顶灯，擦净所有的门、窗和玻璃等。

2. 大堂清洁卫生标准

（1）保持大堂地面干净，定期打蜡保养。上蜡时，必须注意划区进行。操作时，提醒客人注意，以防止滑倒。

（2）各种铜件和电镀件要光亮无尘，定期擦拭上光。

（3）门窗玻璃光亮，无污迹，对门窗玻璃要随时擦拭。

（4）绿色植物及仿真植物摆放定位，无尘，无损。

（5）沙发和座椅摆放整齐，无污，无损。

（6）钢琴和琴台要每天擦拭，无浮尘；琴身和琴台定期打蜡保养，保持光亮。

（7）地毯干净，无污迹和渣物，每天吸尘，随时进行污迹的处理。

（8）定期对公共区域的所有墙壁纸进行刷洗，如发现墙纸有破损须马上更换。

（9）各种广告牌架无污、无尘，定期进行铜饰品的抛光，随时保持洁净。

（10）遇雨雪天气，在大堂门口摆放伞架，加铺地垫和防滑标志，防止雨雪的水迹带入大堂内。

（11）雨雪天气安排人员及时擦拭地面水迹，保持地面干净，无水迹，无污迹。

（12）大堂内的所有装饰物要保持无尘，定时擦拭。

（13）对饭店大厅门口及台阶进行冲刷清洗。

（14）对电梯进行清洁和保养，擦电梯门，擦亮梯内镜面；电梯内进行吸尘，保证无杂物；定期对电梯门、四壁进行打蜡上光。每日24:00更换星期地毯。

（15）对大厅内所有的茶几、沙发、桌子等家具及灯具、标牌、台灯进行清洁打扫，使之干净、明亮，光洁无尘。如果发现问题及时修理。

（二）电梯

电梯是使用率很高的设备，对它的清洁要经常和及时。

1. 电梯清洁要求

（1）夜间清洁。由于白天使用频繁，电梯不能得到彻底的清扫，夜间清扫就显得尤为重要，以保证第二天以清洁的面貌为宾客服务。

（2）保证日常的维护。为保证电梯在一天的使用过程中始终处于清洁状态，可安排一名员工主要负责清洁电梯，工作内容包括：擦去客人留在门上、镜上或金属壁面上的手印，拾起掉在地面上的碎屑，擦拭扶手和脚踏板上的灰尘，检查电梯内的设备，如有损坏及时报修等。

（3）选择适当的时间进行日常清洁。白天电梯使用频繁，但为保证电梯内处于清洁美观的状态，应及时进行清洁。清洁应避开客梯使用的高峰时间，各饭店住的客人不同，其使用电梯的高峰时间也不同。一般情况下，客梯在早6:00~9:00、中午11:00~下午14:00、下午17:00~晚上23:00都属于使用的高峰时间，不应在这些时间内对电梯进行清洁。清洁电梯时不应在大堂的平面处进行，应选择客人出入不多的楼层。

（4）电梯内地毯的清洁。电梯内的地毯整天被踩踏，容易受损和弄脏，要定期进行清洗。但电梯的空间狭小封闭，地毯清洗后不易干透，踩踏在未干的地毯上，易造成地毯表面不美观，建议购置备用的地毯，以解决地毯的清洗与使用的矛盾。

2. 电梯清洁程序

（1）打开电梯控制箱，按动指定按钮，使电梯停止运行。

（2）示意客人的告示牌要放于电梯门前以示清洁工作正在进行。

（3）清洁玻璃镜面。

（4）用半湿布抹电梯门（塑料和胶条部分及木板）。

（5）电梯门轨道清洁。

（6）按动按钮，关上电梯门。

（7）用无毛绒的抹布清洁电梯门的不锈钢部分。

（8）地面清洁（保持无灰尘、无杂物）。

（9）把控制按钮恢复原位，关上控制箱，恢复电梯正常运行。

（三）楼层地毯

楼层服务员在打扫房间或打扫公共空间卫生时发现地毯不干净应及时处理。

1. 吸尘

保持每天对客房进行吸尘，做完一个房间后应对地毯进行吸尘处理；保持每天至少两位服务员对公共区域的地毯进行吸尘。

2. 去污

彻底吸干污渍，地毯清洁剂喷于污染地毯上，由污渍边缘向内轻擦，防止污渍扩大；用清水进行擦拭，用干抹布吸干水分。

3. 处理烧坏部分

用小剪刀或刀片刮去表面黑毛，用砂纸擦拭，用吸尘器进行吸尘，用地毯清洁剂和清水清洗地毯，用抹布抹干。

4. 保养

地毯一般保持半年水洗一次，污染区域随脏随洗。洗过的地毯在干燥前，切勿踩踏，以免地毯变形。

五、案例

【案例二十一】敲门进房不是多余的

在我们的服务程序中，服务人员不管何事何时进房，甚至在十分清楚房间是空房的情况下，也应该先敲门后开门，否则可能会酿成"服务事故"。

张科长到一县级市检查工作，原定当日返回，午餐后接待单位领导带其到饭店开房休息，下午继续工作。晚饭后因时间太晚，便临时决定住下来。接待单位领导说已经和饭店经理说好，就仍住在下午休息的房间，于是在其陪同下，直接到了该楼层让楼层服务员开门（午休时也是楼层服务员开的门）。服务员未敲门直接就把门打开了，结果一对北京的夫妻正在休息，由此引起了客人的强烈不满。

【案例二十二】特殊的电梯服务

在日本，饭店电梯服务员为客人叫梯、送客人入梯后，必须面对电梯门三鞠躬，让人有些不解，因为当你鞠完三个躬时，电梯恐怕早已上、下了好几层，梯内客人根本看不到，有什么意义呢？日本人这样解释："鞠躬是做给待上电梯的人看的，让客人感到也会同样得到如此尊重！"

【案例二十三】客房"小便条"

传统的服务理念把饭店客房作为客人的"家外之家"，许多前辈一再告诫客房服务员"不要打扰客人"的定律。那么，客房部长期以来存在一个困惑：客房服务员怎么跟客人沟通？当然，这里面存在着一对矛盾的对立统一，即"沟通"与"不要打扰客人"。这个问题当然有解决的办法。在长期的实践过程中，许多饭店发现了"小便条"这一"武器"。中秋佳节，游子未归，住在酒店，服务员在清理完房间后，给客人留言："A女士您好！很高兴能够为您这样的淑女服务，首先祝您在我们饭店住得舒心、顺心、开心；另外，在中秋佳节来临之际，但愿我的祝福是第一个到的！祝中秋节快乐！"客人非常感动，也回复一条道："真没想到，是你让我这个出门在外的人，再次感到家的温馨，真的很感谢你。"

"小便条"的功效就在于出其不意与情感沟通。但是，毫无疑问，同许多个性化的服务形式一样，小便条服务也要把握好"度"的问题，常说的"过犹不及"就是这个道理。

客房的"小便条"服务是架起服务员与客人心灵沟通的桥梁，有了它，生活多姿、情感丰富；没有它，黯然失色、平平常常；而它太多，服务员则疲于应付。因此要掌握一个"度"。

第七部分

工程管理服务流程与规范

　　饭店工程与设备管理涉及饭店内全部动力、照明、供水、空调、制冷、通信、电脑网络、电梯、消防系统、闭路电视与背景音乐等设备和客房、厨房、洗衣房、各种娱乐设施、办公室内设备，以及饭店大楼建筑维修保养、更新改造等工作。饭店的工程与设备管理，要牢固树立"保养重于维修""保证提供给客人使用的设施设备安全有效"的意识，通过建立严格的安全运行保障责任人制度，加大日常巡查，把安全隐患消灭在日常的保养之中，才能最大限度地发挥设施设备的使用效率，减少饭店工程成本支出。

一、供水

　　检查蓄水池，要求进、出水管道畅通，进水压力符合自来水供水标准，水池水位符合标准。

　　水泵房生活水泵调整至最佳状态，各种阀门操作灵活，可靠有效。

　　生活水泵电气控制操作原理确认，各种电器连线紧固、无松动。

　　水泵房供水压力以及动力站房压力要处于正常标准，动力站内供水高、低压报警装置确认可靠、灵敏。

　　生活热水循环水泵均调整至最佳运行状态，制定生活热水春夏秋冬各个季节水温标准。

　　生活热水储藏罐提前一天进行排污放水，至无红锈为止。

　　每个楼层抽查 1~2 个房间，确认各种龙头不出黄锈水，混合水龙头无忽凉忽热现象。

准备好各种备件，便于紧急状态下的更换和抢修。

二、供电

检查高压设备，确认其操作灵活，无故障。

检查双电源供电线路，确认其有电。

检查直流屏及其操作系统，确认其可靠有效。

检查变压器，确认变压器置于并列运行状态，无故障。保证温控装置显示正常，控制灵敏、有效。

高、低压配电装置电气原理的动作验证，要求正确、无误。

检查各楼层、多功能厅、厨房、宴会厅、大堂等处配电箱。要求电气接线牢固，电器开关操作灵活、可靠；具有漏电保护的空气开关，做跳闸测试，确认其安全、有效。

准备好各种备件，便于紧急状态下的更换和抢修。

与供电公司联系、沟通，保障供电。

三、天然气供应

检查动力站锅炉的天然气管道及相关阀门，要求阀门开关灵活、有效。

检查餐饮部及职工食堂专用天然气管道及阀门，要求阀门开关灵活、有效。检查各种灶具，点火试验，灶头气孔无堵塞，大小火均好用，确认无故障。

与燃气公司工作人员一同检查天然气调压站内减压设备，确认设备及流量计完好。

准备好各种备件，便于紧急状态下的更换和抢修。

与饭店餐饮部沟通，准备一定数量的液化天然气以及相应的连接管道，以防止城市供气管网故障时的应急使用。

四、供暖

检查空调板式换热器及其相关的各种阀门，确保所有设备完好、有效。

检查水泵及其相关的各种阀门，确保所有设备完好、有效。

检查水泵电控柜的电源接线及内部线路的接线，要求牢固、无松动；各种电器元件完好，电气运行正常有效。

检查城市供热集、分水器及其相关阀门，确保所有设备完好、有效。

检查空调用集、分水器及其相关阀门，确保所有设备完好、有效。

检查锅炉及其辅助设备，确保所有设备完好、有效；使锅炉满负荷运转，确认蒸发量达到既定标准。

检查板式换热器利用蒸汽加热的管道及其阀门，确保所有设备完好、有效；检查城市集中供热与饭店锅炉加热取暖相互转换的阀门，要求各种阀门切换操作灵活、可靠。

用饭店锅炉取暖试运行，测试出水温度、供水压力、回水压力、供水温差、回水温差，达到既定标准。

与供热公司客户中心及换热站联系、沟通，确保热源无故障，保障供水压力及回水温度。

准备好各种备件，便于紧急状态下的更换和抢修。

五、供冷

检查冷水机组，确保机组不缺氟、不缺油，检查供电电压，确认机组运转正常，无故障。

确定冷却塔及其相应管道、阀门，确保冷却塔内的布水器布水均匀，无堵塞现象且转速在规定的范围内，冷却水补水压力不低于既定标准，浮球阀灵敏，各种阀门开关灵活，有效。

检查冷却塔降温风扇传动部件灵活，要求各传动部件无故障，传动皮带完好，无开裂等迹象，电机接线无松动，电控柜内电气开关操作灵活，动作无误，电机运行电流不超负荷。

检查冷却塔排污阀门，确保阀门操作灵活，有效；每天至少人工排污一次，至水清为止。

每天巡视冷却塔，上午、下午各至少一次。

检查冷却水泵及其相关的各种阀门，确保所有设备完好、有效。

检查冷却水泵电控柜的电源接线及内部线路，确保接线牢固、无松动。各种电器元件完好，电气按原理动作正常、有效。

检查冷媒水泵及其相关的阀门，确保所有设备完好、有效。

检查冷媒水泵电控柜的电源接线及内部电器的接线，要求牢固、无松动，各种电器元件完好，电气运行正常、有效。

检查冷媒水、冷却水、电子水处理仪，电气部分完好、有效；过滤部分无堵塞现象，电子水处理仪的压力损失不超标，如有堵塞现象，马上疏通、清洗。

检查楼层空调水补水箱，清洗、除污，自动补水阀灵活、可靠，清洗系统补水管过滤器。

试运行空调制冷系统，确保整个系统工作正常。

检查楼层、房间、公共区域的制冷效果，确认空调效果良好。

准备好各种备件，便于紧急状态下的更换和抢修。

六、电梯

检查变电室电梯专供开关的接线，要求牢固无松动，电器开关操作灵活、可靠。

检查电梯机房配电箱，要求各种接线牢固、无松动，电器开关操作灵活、可靠。

检查电梯轿厢内照明、电话、各种按钮、指示，确保正常、有效；检查楼层外召唤按钮、指示，确保正常、有效。

检查餐饮部传菜梯专供配电箱，要求各种接线牢固、无松动，电器开关操作灵活、可靠。

检查传菜梯各种按钮、指示，确保正常、有效，检查传菜梯层门、轿厢门，要求操作灵活、可靠。

委托具有资质的电梯维保单位对电梯定期进行全面检查、维修、调整，特别是电梯安全回路的检查，要作为重点，确保各部电梯无任何安全隐患。

准备好各种备件，便于紧急状态下的更换和抢修。

七、锅炉

检查锅炉，确认各部件运转正常。

清洗天然气、软水、排污管道过滤器，恢复后要验证是否有泄漏点。

验证天然气泄漏自动报警控制装置，要求灵活、可靠。

检查全自动软水机、盐罐、软水箱及其相应的管道，确保所有设备完好，各种阀门操作灵活、可靠。

备足食盐及炉内加药药水。

锅炉试运行，产生的蒸汽最高压力以及最低压力均要达标，锅炉能实现全自动运转。

准备好各种备件，便于紧急状态下的更换和抢修。

八、卫星电视与闭路电视

检查室外接收天线，要求牢固，高频头及屏蔽闭路线连接可靠、无松动，冬季及时清理锅面积雪，避免影响接收效果。

检查总控室机柜电源，要求接线牢固，无松动。

检查接收机、制转机，要求完好无故障。

检查有线电视光缆接收器、放大器，要求完好无故障。

检查混合器、分支器及接线，要求完好无故障。

检查管道井内放大器，要求供电正常，放大器完好，闭路缆线连接无松动。

每个楼层检查不少于两个房间的电视，要求电视节目排序与节目单相符，电视画面清晰、无杂音，频道转换时不出现声音忽大忽小的现象。

准备好各种备件，便于紧急状态下的更换和抢修。

九、通信与网络

检查总机室虚拟网总机的专供电源的接线，要求牢固、无松动，电气开关操作灵活、有效，确保设备运转正常。

检查总机室、安保部及各楼层配线架，确保所有接线无松动。

通过话务台接转内、外线电话，确认通话清晰，声音大小适中。

检查网络光缆收发器、路由器，确认设备运转正常，路由器每日清零一次。

检查安保部、各楼层网络交换机，确认所有网络交换机工作正常。

每个楼层至少抽查两个房间，试用电话，确保电话机好用，通话无异常。用网络测试仪测试宽带网线路，确认线路传输正常。

备好各种备件，便于紧急状态下的更换和抢修。

十、灯光、音响及背景音乐

通电运行，确认所有设备运转正常。

检查灯光、音响专供配电箱的电源接线，要求牢固、无松动，电气开关操作灵活、可靠。

检查所有灯光及灯光控制器，要求完好无故障。

检查调音台、功放、音箱、点歌机、效果器、均衡器、有线麦克、无线麦克、监视器等设备，确认完好，通电后对上述设备进行全面调试，确认效果调整至最佳状态。

检查总控室背景音乐设备专供电源，要求电压正常接线无松动。

到大堂、楼层及宴会厅试听，确认其声音柔和、悦耳。

准备好各种备件，便于紧急状态下的更换和抢修。

十一、消防

检查变电室消防专用配电柜，要求电线连接牢固、无松动，电气开关操作灵活、可靠。

检查各区域消防双电源配电箱，要求接线牢固、无松动，双电源能自动、手动切换，电器开关灵活、可靠。

检查总控室消防自动报警控制器，首先对全店所有报警设备进行一次自检，确认报警设备均正常工作。对报警控制器进行主电、备电切换工作实验，确认其工作可靠。

检查水泵房消防泵及其相关阀门，确认其完好无故障，各种阀门操作灵活、可靠。

检查水泵房消防泵启动控制配电箱，要求接线牢固、无松动，电气开关操作灵活、可靠，电源供电正常。

试运转消火栓泵、消防喷淋泵、互动备用泵，要求运转正常，供水压力充足、达标。

在总控室消防自动报警控制器上分别进行消防泵启动、电梯进入消防状态、楼层配电箱强切、排烟风机启动等操作，确认其均能进行可靠操作且有回答信号。

每个楼层至少找一个点，对报警探头做模拟火灾试验，确认报警信号送至总控室自动报警控制器上。

对餐饮部厨房可燃气体探测器进行模拟试验，确认报警信号送至总控室自动报警控制器上。

试验消防电话、广播，要求清晰无故障。

检查消防喷淋管网稳压泵及其相关阀门，要求所有设备完好，阀门操作灵活、可靠。

检查喷淋稳压泵电控箱，要求所有接线牢固、无松动，电气开关操作灵活、有效。

调试稳压泵的运行方式，置于"自动"状态，稳压泵能自动运转及停止。

检查消防稳压贮水池，水位至最高水位，自动补水浮球阀灵敏、有效。

对试验消防栓进行放水试验，确认该消防栓具有稳定、符合标准的喷水压力。

对喷淋管网进行末端放水试验，确认该处具有符合标准的喷水压力，该楼层水流指示器的报警信号能传输至消防控制中心的消防自动报警控制器上。

检查所有区域的安全出口灯、应急灯，确保其能够实现正常供电状态与消防供电状态的正常切换，消防状态时要求安全出口灯备电状态下点亮，应急灯全亮。

准备好各种备件，便于紧急状态下的更换和抢修。

十二、公共设施

检查车场围栏，确认所有围栏无锈蚀、松动的现象。

检查雨厦及雨厦处台阶、坡道，确保路面平整，无松动、脱落现象。

检查大堂各处柜台桌椅等设施，确认其无缺陷。

检查大堂所有照明设施，确认全亮。

检查大堂副理、门卫电话，确认其畅通。

检查所有卫生间，确认皂液器、干手器、面纸盒、衣帽钩、厕位门锁开关、面盆、马桶、自动感应小便器等全部好用。

检查公共区域的墙壁、吊顶，无壁纸开裂、乳胶漆脱落及墙面污染现象。

准备好各种备件，便于紧急状态下的更换和抢修。

十三、路灯、霓虹灯及泛光照明

检查路灯、霓虹灯及汽光照明专用配电箱开关的接线，要求牢固、无松动；电气开关操作灵活、有效。泛光照明试运行，确认无故障。

根据天气及要求，灵活调整路灯的开启时间。

根据要求，合理调整泛光照明的开、关时间。

准备好各种备件，便于紧急状态下的更换和抢修。

十四、排污

检查各处污水井，清理沉积物。

检查饭店化粪池，如有大量沉积物需要清理，联系市环卫处相关部门利用机械设备对化粪池除污清淤，疏通污水管道。

检查各粪池，如有大量沉积物，及时清理。

十五、雷雨及雪天处理

雷雨季节，检查饭店各楼屋面雨水落水孔、雨水管道，确认畅通、无堵塞。

检查饭店所有避雷设施，确认其安全、有效。

冬天雨雪季节，工程部提前为饭店各部门准备好清扫、外运积雪的工具，确保道路畅通，车场无积雪。

第八部分

烹饪知识与厨房管理

一、厨房基本知识

（一）烹饪技法

1.热菜技法

（1）炸。从广义讲，凡是将原料投入多量的油中加热，统称为炸。具体讲是将切配成形的原料腌制调味，挂糊或不挂糊，投入多量的油中加热成熟的一种技法。炸可分为三类：不挂糊炸，挂糊炸、特殊炸。炸的特点是外焦里嫩，香酥干爽。多数菜要带调料上桌，如椒盐、果酱、番茄汁等。

不挂糊炸通常指清炸。将切配成形的原料，调味后沾上干粉或不沾粉，有的沾匀酱油，投入急火热油中加热成熟，代表菜有清炸里脊、清炸蛎黄。

挂糊炸分为干炸、软炸、松炸、酥炸、板炸等。

干炸是将加工成形的原料调味，挂湿淀粉糊或全蛋液糊，投入急火热油炸熟成菜。干炸规律是原料热油入勺，温油炸透，热油出勺。特点是色泽金黄，外香脆里鲜嫩。代表菜有干炸鱼条。软炸是将原料剖花刀，再切制成形，调味，挂上由蛋清、湿淀粉、面粉调成的糊，投入急火热油中加热成熟的一种技法。与干炸的区别是原料改刀和糊的用料不同，代表菜有软炸鸡。松炸是将加工成形的原料调味，挂蛋泡糊放入温油慢火炸熟的一种技法。成品特点是色白饱满，口感松软鲜嫩，代表是雪丽银鱼。酥炸是将加工成形的原料调味后挂上"酥糊"，投入急火热油中炸至成熟的一种技法。成品特点是色泽金黄，外酥里嫩，代表菜有香酥鹿筋。板炸是将加工成形的原料调味，依次拍匀干面粉，裹上全蛋液，再按上面包渣，投入多量的油中加热成熟呈金黄色的一种技法，代表菜有炸板虾。

特殊炸有纸包炸和网油炸等。

（2）熘：熘是将加工成形的原料腌制调味，经炸、蒸、煮或上浆滑油等，然后勾芡成菜的一种技法。经炸或滑油的要挂糊或上浆。由于半成品加工或初步熟处理的不同，以及芡汁火候和浓度的不同，熘可分为四种：炸熘、滑熘、软熘、糟熘。熘的特点是明油亮芡，滑润饱满。

炸熘是将加工成形的原料挂糊投入急火热油中炸熟呈金黄色，最后勾爆芡成菜的一种技法，代表菜有炸熘里脊。

滑熘是将加工成形的原料上浆滑油，再投入调好口味的汤汁中，勾芡搅匀，淋明油装盘的一种技法，代表菜有滑熘肉。

软熘是原料经加工调味后，蒸或煮熟取出，装入盛器，再将制好的薄芡汁浇在上面成菜的一种技法，代表菜有五缕加吉鱼。

糟熘与滑熘、软熘的方法基本相同，它要求在调味过程中突出香糟的醇厚、浓香，代表菜是糟熘鱼片。

（3）爆：爆是将加工成形的原料上浆或不上浆，经初步热处理，然后碗内兑汁，煸炒配料，投入主料，急火勾芡，立即成菜的方法。爆是一种典型的急火短时间加热，迅速成菜的一种技法，突出特征是勾爆芡，要求芡汁包住主料且明亮。由于主料性质和初步热处理方法不同，爆可分为油爆和爆炒两种。爆的特点是急火速成，芡汁紧裹原料，食后盘内见油不见汁，没有多余的芡汁。

油爆是将脆性原料加工成形，开水一焯，热油一"冲"，煸炒配料，投入主料，倒入兑好的芡汁急火浓芡的一种烹调方法。成品特点是主料质地脆嫩，芡包主料油包芡，装盘呈馒头形，食完盘内无汤汁，仅有少许底油，如油爆螺片。

爆炒是将原料加工成形上浆滑油，煸炒配料，加入主料，倒入兑好的芡汁，急火浓芡的烹调方法，其成品特点与油爆相似，芡汁稍宽，如爆炒鸡丁。

（4）炒。炒是用葱姜烹锅，投料入勺，急火快炒，汤汁较少，不勾芡，迅速成菜的一种方法。与其他烹调方法有明显区别的是，制作的菜肴汤汁较少，最突出的特征是不勾芡。由于所用原料的性质和具体操作手法不同，炒可分为生炒、熟炒、滑炒、软炒和干炒五种。炒的特点是急火速成，不勾芡，能保持原料本身的特点，咸鲜不腻。

生炒是将生的主料加工成形，直接入勺煸炒入味，急火快炒，立即成菜装盘的一种方法，如炒肉丝。

熟炒是将熟的主料加工成形，入勺急火快炒入味，立即成菜装盘的一种方法，如炒猪肚丝。

滑炒是先将切成丝（或片、丁）的原料上浆滑油，再用少量油用旺火加配料调料急速翻炒成菜，最后兑汁或勾薄芡的烹调方法，如滑炒里脊丝。

软炒主要是软嫩或半流动状态的原料，入勺热油慢火炒至入味成菜的烹调方法，如炒浮油鸡片。

干炒也叫干煸，将加工整理的原料中火处理，形成干香酥软的质感，再加热入味，如干煸头菜。

（5）烹：烹是将改刀的原料在煎或炸的基础上，烹上清汁入味成菜的烹调方法。烹所用的汁清，不加淀粉，配料一般是葱姜丝和香菜梗，其主料多选用动物性原料。由于初步熟处理的方法不同，可分为炸烹、煎烹两种方法。烹的特点是使用清汁，色泽美观，口味香醇。

炸烹是将加工成形的原料挂糊或不挂糊，投入急火热油中炸熟取出，烹上清汁入味成菜，如炸烹里脊。

煎烹是在煎的基础上，烹上清汁入味成菜，如煎烹大虾。

（6）煎：煎是将加工成形的原料入味挂糊，放入油锅中，用少量油慢火加热，使原料成熟的一种方法。煎的原料烹制前一般都要加调味品腌渍入味，在具体操作过程中，一般是先将锅烧热，用少量油布满锅底，再将改刀成形、调味的原料挂糊，放入锅中，用慢火两面煎至金黄色，成熟即可。煎的特点是色泽金黄，外香酥，里软嫩，具有较浓厚的油香味，如干煎黄鱼。

（7）焗：将加工成形的原料加调味品腌渍入味，挂糊，锅内加入少量油，两面煎至金黄色，然后加调味品和少量清汤，慢火收浓汤汁。焗的特点是成品质酥嫩而味醇厚，色泽金黄且微带汤汁，如锅焗豆腐。

（8）贴：贴是将几种原料改刀成形后，加调味品腌渍，用浆合贴在一起成形，在锅内加少量油，用小火将原料贴锅壁炙熟的一种方法。特点是制作精细，一面焦黄香脆，一面松软而嫩，如锅贴鱼合。

（9）烧：烧是将经过热处理后的原料，加入汤汁和调味品急火烧开，转慢火加热，使原料烧透入味，再用急火收浓卤汁的一种方法。

烧的特点：质地软嫩，芡汁浓稠，口味醇厚，色亮汁少，如：葱烧海参、红烧肉。

（10）扒：扒是将初步加工处理的原料，刀工成形，好面朝下，整齐或成图案地摆入勺内，加适量的汤汁和调味品，慢火加热成熟，转勺勾芡，大翻勺将好面朝上，淋上明油倒入盘内。扒是烹制菜肴中较细致的一种烹调方法。刀工要求精细，原料成形要求整齐美观，勺功要求熟练，制成的菜肴装盘后，原料要有一个完整而美观的形状。采用扒的方法烹制菜肴，除了将原料直接摆入勺内，加汤和调味品外，也可将加工成形的原料先整齐地摆入盘中，然后再推到勺内的汤汁中。由于所用调味品和原料性质不同，扒可分为红扒、白扒、奶扒、鸡油扒、蚝油扒和五香扒等。扒菜的特点是刀工精细，形状美观，味道鲜咸，清淡不腻，明油勾芡。

红扒即突出酱油的口味和颜色，菜肴芡汁红亮。

白扒不加有色调味品，调味以盐为主，成品芡汁色白明亮。

奶扒则在白扒基础上，芡汁加入奶油或牛奶，突出奶香味。

鸡油扒类似奶扒，只不过芡汁加入鸡油，使芡汁更为明亮清香。

蚝油扒则在红扒基础上，以蚝油替代酱油，芡汁红亮，口味更为鲜咸。

扒的代表菜有扒三白、红扒鱼翅、冬菇扒油菜。

（11）煨：煨是把原料加工成形后，经过油炸、水煮或煸炒等方法处理后，再加入调味品和汤汁烧沸，慢火加热，将汤汁收浓的一种方法。煨的特点是汤汁少而浓稠，口味咸鲜略甜，色泽红润明亮，冷热食用皆宜，如煨大虾、煨排骨。

（12）烩：烩是把质嫩的小块原料或几种原料掺在一起，放入汤汁中，加调味品，加热成熟后，再勾成米汤芡的一种方法。烩多选用质地鲜嫩的动植性原料，刀工切配比较精细。原料多采用焯水的方法进行初步热处理，汤汁和主料比例要恰当。特点是半汤半菜，主料软嫩，汤宽味醇，如烩乌鱼蛋、烩鲍鱼三丁。

（13）炖：炖是将整只或改刀的大块原料放入水锅中，加入调料，不炝锅，不勾芡，微火烹制成熟的一种方法。炖多选用质地较嫩，新鲜味美，无异味的动植物性原料及食用菌藻类原料，原料多加工成适中的块状，而且原料一般要经初步熟处理，加热时间要长，汤汁较宽。据加热方法和热处理方法不同，炖可分为清炖、隔水炖。炖的特点是汤汁较多，质地熟烂，原汁原味。

清炖是将原料放入开水中烫去血污和异味，再放入陶制器皿中，加葱姜、料酒等调料和水（放量为原料量的2~3倍），先用旺火烧开，打去浮沫并加盖，再移置微火上炖至熟烂，如清炖加吉鱼、清炖鸡。

隔水炖是将原料放入沸水中烫去血污和异味，后放入瓷制或陶制的钵内，加葱、姜、料酒等调味品和适量的汤汁，用玻璃纸封口，再将钵置于开水锅内（锅内水需低于钵口，以水沸不浸入钵内为度），盖上锅盖，再急火加热，使锅内水始终保持沸滚状态，炖至钵内原料熟烂即可，如坛子鸡。

（14）焖：焖是先将原料加工成半成品，再加适量的汤汁和调味品，急火烧开，撇去浮沫，盖上锅盖，用微火慢慢焖烂的一种方法。焖一般选用整只或加工成块状的动物或植物性原料，初步熟处理有焯水或过油等，根据色泽和调味品的不同又可分为：红焖、黄焖、酒焖、酱焖等。特点是色泽美观，主料酥烂，汁浓味醇厚，如红焖鱼、酱焖茄子、黄焖鸡块。

（15）熬：熬是将勺内底油烧热，用葱姜烹锅，投入主料稍炒，加汤汁和调味品急火烧开，然后慢火成熟的一种方法。特点是成品有汤有菜，主料熟烂而汤汁味醇不腻，操作简便，多适于下饭菜。如大白菜熬豆腐。

（16）汆：汆是将原料改刀后放入沸汤中烫熟，带汤食用的一种方法。根据所使用原料的性质，其操作方法又分为两种，一种是先将汤用急火烧开，投入原料、调味品，再用急火烧开，打去浮沫（不勾芡），原料成熟即可。此种汆法适应于小型的片、丝、丁、丸子状的鲜嫩原料；另一种是先将原料用沸水烫至九成熟捞出，控净水分倒入碗内，再将调好口味的沸鲜汤冲上即成。

汆菜属于汤菜的一种，特点是汤清味鲜，原料脆嫩，如汆螺片、汆肉片。

（17）涮：涮是用涮锅将汤烧开，将切成极薄片的鲜嫩原料放入滚开的鲜汤中烫至嫩熟，食用时另蘸调料，边烫边吃的一种方法。涮的调味品种类繁多，食用者可根据其口味爱好自选调制，通常厨师在涮锅四周摆放的调料有芝麻酱、卤虾油、香油、料酒、醋、辣椒油、豆腐乳汁、精盐、胡椒面、韭花酱、香菜末、葱花等。

涮的特点是调料多样，主料鲜嫩味美，食用者可根据自己的口味掌握火候和使用调料。

涮源于我国内蒙古地区的"涮羊肉"，而今涮的取料更为广泛，一些鲜嫩的原料均可用来涮制，尤以海味最受欢迎。四川、重庆还发展出"鸳鸯火锅""滋补火锅"等。涮的代表菜有涮羊肉、鱼头火锅、什锦火锅。

（18）煮：煮是将原料放入多量的汤或清水中，先用急火烧开，再用慢火煮至熟烂的一种方法。煮多用于将原料加工成半成品，如煮白鸡、煮猪肚。在原料煮至熟烂的基础上，进一步加工烹调成菜，如鸡汤煮干丝。

（19）蒸：蒸是将加工整理后的原料，加配料和调味品放入蒸笼内，利用蒸汽加热成熟的一种方法。由于蒸笼内的湿度已达到饱和状态，菜肴中的水分不宜蒸发，因此制成的菜肴既保持原料的原汁原味，又使菜肴的造型不变。特点是白色居多，原汁原味，清鲜不腻。具体可分为：清蒸、粉蒸、拖蒸三种。

清蒸是将原料改刀后装入盛器内，加以调味后放入笼内蒸至成熟或熟烂。清蒸制作的菜肴以白色居多，原汁原味，口味清新不腻，原料要求新鲜而无异味，如清蒸加吉鱼。

粉蒸是将原料改刀调味后，周身沾上米粉再行蒸制。特点是口感糯软、浓香，如：粉蒸肉。

拖蒸是将原料改刀调味后，拍粉拖蛋入锅两面煎成金黄色，再蒸制的一种方法，如拖蒸黄花鱼。

（20）烤：烤是将生料经过腌渍或加工成半成品，再放入烤炉内，利用热能辐射，将原料烤至成熟的一种方法。烤多选用质地肥嫩的动物性原料，形体大小均可，一般须用调料进行基础调味，以确定口味，烤制时，火候要灵活掌握，成品菜肴多附带调味料配食。烤可分为明火烤和暗火烤，明火烤有挂炉烤、火槽烤和炉烤。暗火烤有焖炉烤、烤箱烤、铁板烤、石板烤等。烤的特点是外香脆焦酥，内鲜嫩适口，色泽鲜艳，如烤全羊、北京烤鸭、烤加吉鱼、烤牛肉、烤肉串等。

（21）拔丝：拔丝是将原料加工成形，挂糊或不挂糊，投入多量的油中炸至熟透，然后再投入熬至出丝的糖液中翻勺粘匀的一种方法。

熬糖的火候，是拔丝菜肴的关键，其具体操作方法有清水化糖、油化糖、水油化糖三种。拔丝的特点是外脆香甜，里软嫩糯，色泽金黄，光亮美观，如拔丝地瓜、拔丝香蕉。

（22）挂霜：挂霜是将原料加工成形，挂糊或不挂糊，投入多量的油中炸透，然后再投入熬至能呈现白色的糖液中沾匀，再冷却返砂的一种方法。

熬糖的火候，也是挂霜菜肴的关键。其具体操作方法是：勺中加清水、白砂糖，置慢火熬制，先后出现大泡、小泡、浓稠的状态。当糖液由小泡变浓稠的时候，即为挂霜的火候，立即加入炸好的原料，沾匀糖液，冷却后即出现一层糖霜。挂霜的特点：色白如霜，香甜适口，如挂霜丸子、酥白肉。

（23）蜜汁：蜜汁是将糖炒至拔丝火候加上开水熔化，放入加工成形的原料慢火加热至原料熟烂，再加上适量的蜂蜜熬至浓稠（起泡），或将糖和蜂蜜调制成浓汁，浇在熟处理的原料上。蜜汁的特点：色泽光亮，糖香浓郁，适度适口，如蜜汁甜糕、蜜汁山药。

（24）炙：炙是古老的烹调方法之一，即直接在火上烤肉。较早的方法是用竹木棍棒之类的东西把肉串起来在火上烤，后来出现用青铜、铁质的针穿起来烤，再后来出现用铁烤炉烤炙。

炙的原料可加工为块状、片状，可生也可熟，可先腌渍后炙，也可在炙中涂抹调料，还可炙熟后蘸调料食用。炙的用火也很讲究，因原料品种、口味需求不同，可用石炭、煤木炭、木柴、竹、草灰等炙烤，可疾火快炙，也可微火慢炙。南北朝时，有的油煎品也称炙，如《齐民要术》中的"饼炙"即是。现代的新疆风味小吃烤羊肉串类似于古代的炙。

（25）烙：烙也是古老的烹调方法之一，是通过加热工具使食物加热成熟的方法，最早由"石上燔谷"演进而来。烙法一般用于面点，也有烙制菜肴的。烙制使用的工具有金属制的锅、铛、铁板及铲、锹等，也有石制的石板。烙制一般用小火，有时用中火。最早出现的是干烙，干烙可直接用锅，也可在锅中加石子。干烙的名食有陕西乾州锅盔、东府石子饼、河南小菜盒、山东千层饼、安徽黄豆肉稞等。元代出现了水烙，这种方法只烙食物的一面，烙制时在锅底加少许水，压盖，慢火收干水分，食品贴锅的一面焦香酥脆，另一面绵软，名食有元代的手饼、现代山东的馅饼、吉林芝麻瓢子烧饼等。清代出现小油烙，油烙是在锅底加油或在食品表面刷油的烙制，名食有清代的襄衣饼、现代的徽州饼、内蒙古清油全锅饼等。山东煎饼名为煎，实为烙。以烙法制作的菜肴在实际中却常以"烤"或"烧"的字眼出现，如铁板烧、甘肃西夏石烤羊等。

（26）鲜：将鲜鱼洗净，先取肉切片，再撒上盐腌制，腌制时布裹石压，沥干水，加花椒、莳萝、砂仁、甘草、葱、姜等堆叠于容器中，封口倒置，使其成熟。其特点是：质地紧密，味甘微酸，有酒香味，如鱼鲜、蛏子鲜、黄雀鲜、鹅鲜等。

2. 冷菜十二法

（1）拌：拌是指把可直接食用的生料或凉的熟料，加工成块、片、条、丝等形状的原料再加调味品拌匀而成的一种方法。

拌的特点是操作简便，用料广泛，常用三合油（即盐油或酱油、醋、香油）拌制，清香爽口，咸酸适宜。根据原料的性质及口味的要求，可用蒜泥、芥末、姜汁、芝麻酱、白糖、精盐、味精等进行调味拌制。

拌菜所用的动物性原料大都经过制熟、晾凉后再拌制，也有热拌或温食的。拌菜所用的植物性原料，既可加工成熟再拌，也可用生料直接拌制，但必须经过严格的杀菌消毒。根据这一规律，拌又可分为生拌、温拌、熟拌和其他拌四种，生拌有清拌黄瓜、生拌茼蒿等。温拌有老醋蜇头、温拌海参等。熟拌有拌鸡丝、拌肚丝等。其他拌有酱拌菜园等。

（2）炝。炝是将加工成片、丝、条、丁等状的原料经熟处理后，加入调味品拌渍，再加热花椒油炝制的一种方法，炝后要加盖待片刻再拌制装盘，主要食其咸鲜和麻香。特点是成品质地脆嫩，清鲜爽口，花椒味浓。代表菜有炝肚丝、炝腰片、海米炝芹菜等。

（3）辣：辣是将一些脆性的鲜嫩原料加工成片、条等形状后，用盐略腌出水分或用开水略微一烫，加上糖、醋等调味品，再用辣椒油辣制的一种方法。制作方法与炝相似，区别在于炝的原料要焯水，调味主要用辣椒油。辣的主要特点是成品质地脆嫩，口味咸、鲜、甜、酸、辣，色泽鲜艳美观。代表菜有辣白菜、辣黄瓜等。

（4）腌：腌是将加工整理的原料浸入调味汁中，或加入调味品拌匀，以排除原料内部水分，使原料腌透入味的方法。

腌的方法很多，在冷菜中常用的有盐腌、酒腌、糟腌、糖醋腌、腊腌五种，其基本原理是相同的，而在腌制的用料上及操作工序上有所不同，所以形成了这几种不同的腌法。

盐腌有盐水豌豆、腌萝卜等。酒腌有酒醉螃蟹、酒醉蛏子等。糟腌有红糟鸡、红糟肉等。糖醋腌有糖醋白菜、珊瑚萝卜等。腊腌有腊肉、腊肠等。

（5）卤：卤是将加工整理的原料，放入调好的卤汁中急火烧开，小火加热至原料嫩熟，再用原卤汁浸渍入味的一种方法。卤的特点是成品放在原卤汁中浸渍，随吃随取，湿润不干，形状完整，质地鲜嫩，代表菜有盐卤鸡、盐卤虾、盐水鸭、卤猪舌等。

（6）酱：酱是将加工整理的原料放入酱汁中，急火烧开，再用小火加热至原料酥烂的一种方法。特点是成品色泽深红，酥烂味浓，代表菜有酱牛肉、酱口条、酱排骨等。

（7）冻：冻是将富含胶质的原料放入水锅中，用慢火长时间加热，使其胶质溶于水中，经调味冷却后，形成凝胶体再食用的一种方法。主要选用动物性原料，如鸡、鸭、肉皮和猪蹄筋等。冻的特点是成品光亮透明，柔软滑润，清凉爽口，代表菜有猪蹄冻、水晶肘子等。

（8）酥：酥是将加工后的原料放入锅内，加清汤和调味料，经慢火长时间加热，使菜肴酥烂的一种方法。主要利用醋酸的作用，使带骨的原料骨酥肉烂，不带骨的原料软烂酥松。特点是成品主料质地酥软，口味以鲜咸为主，略带酸甜，有汤汁，代表菜有酥鲫鱼、酥海带等。

（9）熏：熏是将熟的原料放入熏锅内的熏屉上，以木粉、茶叶、柏树枝、花生壳、糖等慢燃时发出的浓烟熏制，熏好后抹上香油的一种方法。熏菜的特点是有烟熏的清香味，色泽深棕，食品光亮美观，食有特味，并有防腐作用，可批量加工，代表菜有熏小鸡、熏排骨等。

（10）渍：渍是古老的烹调方法之一，晋代有名菜雕花蜜渍枸橼子，唐有蜜渍，宋有蜜渍豆腐，清代有渍菱白。

现代的渍法是用调味汁短时间浸泡原料，或利用多汁原料本身汁液加调味料（一般为糖或盐）制作食品或加工原料的烹调方法，原料可以是植物性也可以是动物性的，有的渍制后可直接食用，有的则作为半成品烹饪原料。

（11）浸：清代有以浸为渍的，现代的浸则特指原料浸入沸液中后，容器离火而利用余温成菜的烹调方法。按照介质的不同，有汤浸和油浸之分。此法适于鲜嫩易熟的动、植物性原料，可整体亦可加工为片、条状。

浸的特点是动物性主料口感软嫩香滑，植物性主料口感嫩脆鲜香，代表菜有汤浸荔枝鸡、油浸鲳鱼、油浸山斑鱼等。

（12）糟：糟制之法明确记录首见于《齐民要术》，有糟肉之法。现代的糟承前而来，是用糟料制作菜肴。糟的特点是糟香浓郁，风味独特。现代的糟制据原料生熟划分为生糟和熟糟两种。生糟的原料不经熟处理，加香糟和盐等调味品腌制，一定时间后，取出经烹制食用。熟糟的原料经熟处理，浸入糟卤中入味，取出食用。生糟代表菜有香糟蛋、平湖米糟蛋等。熟糟代表菜有糟猪爪、糟鸡等。

3. 食品雕刻

（1）食品雕刻的工具。食品雕刻的工具种类很多，常用工具有：平口刀、槽口刀及其他刀具三大类。

平口刀，根据用途分为一号平口刀、二号平口刀和三号平口刀三种。一号平口刀长约 20 厘米，宽约 3 厘米，刀刃基本是直的，也可以用小号片刀（批刀）或西餐刀代替，主要用来切、片、削皮等。二号平口刀刀身长约 15 厘米，刀刃长 6.5 厘米，前窄后宽，最宽处 1.5 厘米，刀背略弓，主要用于雕刻花卉及鸟、兽、鱼、虫的主体轮廓。三号平口刀是平口刀中最小的，刀形细长，刀身长约 6.5 厘米，宽 0.5 厘米，主要用来刻制小形花瓣、花蕊以及雕品的窄小细微之处。

槽口刀，刀身两侧和两端都是刀刃，刀面一头大，一头小，刀身呈 V 形、U 形两种。V 形槽口刀一般有三个型号：一号 V 形槽口刀主要用于刻较大的花瓣、衣褶、山石、云水等。二号 V 形槽口刀，用于刻制花蕊、花瓣各种细长形花朵、鸟羽毛等。三号 V 形槽口刀用于刻发丝、羽毛等。U 形槽口刀一般有四个型号：一号主要用于雕刻花朵外层花瓣和龙鳞、鱼眼及较大鸟类初级飞羽等。二号主要用于雕刻花朵外层较大的花瓣、羽毛等。三号主要用于刻中层花瓣、羽毛、鱼、龙眼等。四号主要大头直径 0.5 厘米，用于雕刻花蕊、细条、小花瓣及鸟的眼睛等。另外还有一种鱼鳞形槽口刀，刀口呈鱼鳞（月牙）形，主要用于雕刻鱼、龙鳞片及半圆形的鸟羽毛等。

其他刀具主要有圆柱刀、刻线刀、模型刀等。圆柱刀刀刃呈一头粗、一头细的中空圆筒形，两头都有刀刃，小头直径 0.3 厘米，大头直径 0.5 厘米，主要用于刻制花蕊、鱼眼、花瓣等。刻线刀刀身长 20 厘米，宽 0.5 厘米，刀刃在刀身左外侧，主要用于刻制各种瓜雕的回纹线条及图案等。模型刀是用不锈钢片裁制加工成各种形状的刀具，操作时主要将模型刀对准要刻的原料向下一压，就可取得一段实体模型。

（2）刀法。食品雕刻所采用的刀法原则上要求简练实用，常见的有切、削、旋、刻、戳、压六种方法。

切：一般用一号平口刀操作，就是把原料放在案板上切开，或者是把用模型刀压出的实体模型切成片。

削：是雕刻前使用的一种刀法，主要用来将原料削得平整光滑，或去皮或削出雕品的轮廓，实质上是对原料进行初步加工。

刻：一般是用二号平口刀操作，主要用来雕刻花朵等各种动植物图案，是一种简单常用的刀法。

旋：是一种用途很广的刀法，既可以单独旋一些花瓣弧度大的花朵，也是多种雕刻品所必需的一种配合刀法。

戳：一般用 V 形刀或 U 形刀操作，用于雕刻某些呈 V 形、U 形及细条形的花瓣及羽毛等。戳分为直戳、曲线戳、撬刀戳、细条戳、翻刀戳等。

压：用于各种模型刀，是最简单的一种刀法。

（3）食品雕刻的原料。选用食品雕刻原料时，要注意三个方面，一要新鲜质好，以脆嫩不软、肉中无筋、肉质细密、内实不空为佳；二要形态端正，符合作品要求，这样一方面可以减少修整，另一方面也容易刻出美观的形象；三要色泽鲜艳光洁，雕刻多是运用原料的自然色泽，加以巧妙搭配，达到绚丽多彩的效果。适合雕刻的原料有萝卜（红皮白瓤的红萝卜，青皮红肉的"心里美"，青萝卜、胡萝卜等都可选作雕刻原料）、薯类（马铃薯、甘薯）、瓜类（冬瓜、西瓜、南瓜、茭瓜（西葫芦）、香瓜、哈密瓜、黄瓜）、果类（苹果、梨、桃、香蕉等）、蛋类（鸡蛋、松花蛋、鸭蛋、鹅蛋蒸或煮熟后刻制花卉、花篮、鸳鸯、鸡仔等。蛋制品如黄蛋糕，质地较硬，可刻制梅花、各种禽鸟、山水风景等，白蛋糕质软，可雕刻白色亭台楼阁）及其他（白菜、芹菜、香菜、油菜等，均可为雕刻原料）。

（4）食品雕刻的种类。食品雕刻种类可分为整雕、零雕整装、浮雕、镂空雕等。整雕就是用一大块原料雕刻成一个具有完整形体的作品；零雕整装是分别用几种颜色不同的原料雕刻成某一物体的各个部件，然后集中装成完整的物体；浮雕是在原料的表面，雕刻出向外凸出或向里凹进的花纹或图案；镂空雕就是将原料剜穿成为各种透空花纹图案的雕刻方法。

（5）雕品的保管。雕品中大都含有较多的水分和某些不稳定元素，保管不当很容易因变形、变色而损坏。雕品的保管通常有三种方法：

水泡发。把脆性的雕品放在1%的白矾水中浸泡，能使之较久地保持质地新鲜和色彩鲜艳。如果只放在清水中浸泡，雕品很容易起毛，并出现变质、褪色等现象。浸泡时如果发现白矾水发浑，应及时更换矾水或换成温度较低的纯净水。

低温保管。把雕品放入盆内加上凉水（以淹没雕品为宜），然后放入冰箱内，温度保持在3℃左右。但在低温保管下只能用一两次，如果连续用，雕品就会褪色变形。

包裹法。将雕品用挤净水的温布包严，然后在外层用塑料纸包严，或用塑料纸直接包严即可。包裹法比之前两种方法效果较为显著。

（6）食品雕刻应注意的问题。食品雕刻的应用要注意讲究卫生，防止对食品的污染。食品雕刻的原料必须是重视食用、兼顾观赏，不能本末倒置，应该味形俱佳。食品雕刻的原料使用时尽量不用或少用色素，巧用原料的自然色彩。食品雕刻切忌大红大绿、肆意渲染，使人望而生厌，影响食欲。一些瓜雕及大型雕品，费工多、耗时长，要提前刻好并注意保鲜、保形。

（二）食品原料知识

1. 海鲜类

（1）鱼类：新鲜鱼体完整无损伤，体表清洁，表面黏液较少且光滑，鱼鳞整齐而有光亮，鱼皮有弹性，用手压入的凹陷随即平复，肛门周围呈一圆坑形，硬实发白，肚腹不膨胀，鱼鳃色泽鲜红或粉红，鳃盖紧闭，鱼眼完整，澄清而透明，眼球清晰，向外稍凸出，周围无充血发红的现象，颜色新鲜有光泽，无异味。

鉴别注水鱼或填充鱼的方法：多检查腹部和鱼的背部，手摸感觉鱼皮与鱼肉有分离的感觉，鱼体呈膨胀状为注水鱼。填充鱼多查嘴部及腹部，嘴内有无小鱼、海草，腹部若是过于坚实，按压不动，即为填充鱼。

（2）虾：新鲜虾头尾完整，有一定弯曲度，虾身较挺，皮壳发亮，呈青绿色或青白色，肉质坚实、细腻，气味正常。

（3）蟹：个大体肥，表面无损伤，腿肉坚实肥壮，用手捏有硬感，脐部饱满，分量较重，外壳呈青色泛亮，腹部发白，团脐有卵黄，肉质鲜嫩。

（4）贝类：体大质肥，外壳紧闭，颜色新鲜有光泽，有乳白色分泌物，沙质杂物较少，口味鲜淡，气味正常，清洁卫生者为佳。

（5）海参：干参以参体大，个头整齐，肉肥厚，体形完整，肉刺齐全无损伤，开口端正，膛内无余肠泥沙，有新鲜光泽感，灰沫少，干度足为佳。活海参以体形完整，肉刺齐全，开口端正，无泥沙，有新鲜光泽感，口感韧性大，用手对弯海参，无法折断并即刻复原者即为佳品。水发海参以个头整齐，体形完整，无泥沙余肠，手感有弹性，有一定的弯曲度，吃水量正常的为佳品。

（6）燕窝：以窝形肥厚完整不碎，颜色纯正，半透明，绒毛血丝少者为佳，无异味。

（7）干鲍：以体大肥厚，体形平展，肉质淡红，干度足，润而不潮，稍有白霜，味鲜淡者为佳。

（8）鱼肚：以片大而厚，颜色淡黄而有光泽，纹路清晰，肚形平展完整，清洁卫生，无尘土污物者为最好。

（9）海米：以颜色淡黄新鲜，有光泽，杂质少，无窝心爪，口味鲜淡，干而不湿，用盐量不超过6%，完整率不低于90%者为最好。

（10）干贝：以贝体大小均匀，完整，不破不碎，颜色淡黄稍白，有新鲜光泽，口味鲜淡，有甜味感，干度足而润，肉丝有韧性为最佳。

2. 肉类

（1）家畜肉类：表面有一层轻微干燥的表皮，色泽光润，肉的断面呈淡红色，稍湿润，但不黏，肉汁透明，具有家畜肉特有的气味，无异味或霉臭味。

鉴别是否是注水肉，可在肉的断面平铺一张干净的纸，如纸立即湿了，且无油腻感一定为注水肉。

（2）家禽类：嘴部有光泽，干燥，有弹性，无异味，眼部眼球充满整个眼窝，角膜有光泽，皮肤呈淡黄或淡白色，表面干燥，具有特殊气味，肌肉结实有弹性。

（3）肝：新鲜的呈褐色或紫色，有光泽。

（4）腰子：呈淡红色，表面有一层薄膜，有光泽，柔润富有弹性。

（5）心：新鲜的用手挤压有鲜红的血块排出，组织坚实，富有弹性。

（6）肠：色泽发白，黏液多。

（7）肚：有弹性，有光泽，色浅黄，黏液多，质地坚实。

（8）火腿：外观呈黄褐色或红棕色，手按肉感坚硬，表面干燥，表面边缘呈灰色，无结晶物析出。气味清香无异味。

（9）明骨：以骨块大小均匀，颜色淡黄或洁白，色泽新鲜有光泽，骨胶透明度好，无白色硬骨，骨块坚硬洁净为最好。

（10）蹄筋：以外观色白、干净、干爽、长而粗壮呈圆形的后蹄筋为好。前蹄呈扁形，筋短少，质较差。

3. 蔬菜类

（1）蔬菜含有较多水分，表面有润泽的光亮，形状饱满，光滑，无伤痕，颜色鲜艳。

（2）黑木耳：以色泽黑纯，朵大而均匀，身干，体轻质细，无碎屑杂质，无小耳、僵块、霉烂者为最好。

（3）银耳：主要看朵的大小，色泽及根的重量。色黄，鲜洁发亮，朵大，形似绣球花，无斑点杂色，无碎渣，带有韧性者为最佳。

（三）海参的加工制作

海参在生物学上属于棘皮动物海参纲。海参是一种名贵的食品。中国所产海参约有20余种可供食用，主要有刺参、方刺参、梅花参、乌参、黄玉参等。古人区别海参种类仅以是否有刺作为分别，如《本草从新》这样解释："有刺者名刺参，无刺者名光参。"无论是古人还是今人，只认刺参为高档烹饪原料者，所说海参即为刺参。

1. 海参简介

海参生活于浅海中岩石及细沙泥底，并且要求海藻繁茂、波流静憩、无淡水注入的生存环境，5~7月产卵后即潜入岩间夏眠。如果水温低，海参生长会放慢，但品质增强，这便是沿海岸越向北，海参越名贵的原因。黄海与渤海出产的刺参，一直是烹饪界优选的主要原料。此外，山东半岛北部沿海与东部沿海，也出产优质刺参。

海参在我国饮食界发现较晚。清代学者郝懿行考证说："三十菜品档次上鱼翅最出彩，但营养成分上则海参占鳌头。"清人曹廷栋《老老恒言》卷五指明海参"滋肾补阴"，并引《行厨记要》说海参"治痿、温下元"。王士雄《随息居饮食谱·鳞介类》说海参"滋肾补血、健阳润燥、调经养胎"，适用于产虚病后及衰老之人补益。在山东沿海，食者共指海参为补肾佳品。

2. 海参菜的加工烹饪

海参可以鲜吃，也可以干制，古人为了长期贮存并运送远方，一般都把海参加工成干制品。由于是干制品，烹调海参之前，必须发制，发制的好坏直接影响到烹饪效果。

海参根据加工方法可分为脱盐海参和盐渍海参。脱盐海参一般为现在的高压海参，盐渍海参一般又分为拉缸盐海参、盐干参两种。

高压海参是把活海参从肛门处开 2~3 厘米的小口，除掉内脏、腔肠、泥沙，入沸水锅内煮 5~10 分钟，再入高压锅内压制 5~10 分钟。压完后用凉水过透，入低温中保存，用时取出沿刀口处割开，去掉海参牙，洗净泥沙，用凉纯净水泡 1~2 天即可食用。

拉缸盐海参，加工时把活海参开口，去掉腔肠泥沙，入沸水锅煮 5~10 分钟，捞出控水加粗盐盖住，一层海参一层盐，通常腌 3 天即可。食用时，需要先放入冷水中浸泡 1 天，从刀口处开刀去掉牙及泥沙，用清水清洗几遍，入开水锅内煮 10 分钟左右，关火焖煮 5 分钟，捞出用凉纯净水泡 24 小时，视参的软硬程度，过硬则需要重复一遍发制方法。

盐干参，是在拉缸盐海参的基础上，把加工好的海参入热盐水中再次煮制，煮制一次加一遍盐，煮完后再经过晾干或烘干即可，这是最传统的干海参加工方法。食用时，将干海参入凉水中泡 1~2 天，使参变软。从刀口处开刀，去牙和泥沙洗净，入沸水锅内煮 10~15 分钟关火，入纯净水中泡 24 小时，第二天再重复一遍。视参的大小和软硬程度，看是否需要第三遍，入凉纯净水中发制 2 天，即可食用。

也有一种家庭常用比较方便和快捷的方法，将干参泡一天，变软后开刀去泥沙洗净，入保温瓶中加入 80℃的热水八成满，盖上盖子放一晚，第二天早上即可食用。

注意事项：活海参在加工过程中切忌沾上油，若沾上油很容易化皮。发制时不能碰上油、盐、碱性的东西，发制的容器最好为铝质或不锈钢，不要用铁质容器。

活海参还有一种食用方法是生吃（日式料理）。选择状态完整、肉皮肥厚的海参，从腹部纵开去牙，去腔肠，泥沙洗净，平铺案板上，用刀轻拍，斜切成大的薄片，入沸水锅内轻焯一下，再放入冷水中浸泡，然后放入盛有萝卜丝的盛器内摆放好，上桌配一碗调好的青芥辣即可。

二、食品卫生"五四"制

1. "四不"

采购员不进腐烂变质的原料，保管员不收腐烂变质的原料，炊事员不加工变质的原料，服务员不卖腐烂变质的原料。

2. "四隔离"

生与熟隔离，成品与半成品隔离，食品与杂物隔离，食品与天然冰隔离。

3. 四勤"

勤洗手，剪指甲；勤洗澡理发；勤洗衣；勤换工作服。

4. "四过关"

一洗、二刷、三冲、四消毒。

5. "四定"

定人、定物、定时间、定质量。

三、厨房管理

对于厨房的管理，要紧紧围绕两个方面的内容来开展，一是"稳定"，二是"创新"，既要不断有新的菜品推出，更要保证品牌菜、畅销菜的质量，这也是维持餐饮红火的两大法宝。

（一）岗位流程与规范

1. 行政总厨

（1）组织和指挥厨房的各项工作，按饭店规定的流程，生产优质菜点，满足宾客的需要。

（2）监督检查、协调各厨师长的工作，负责对他们进行考核和评估，根据工作实绩提出奖惩意见，根据厨师的业务能力和技术特长，决定各岗位工作人员和工作的调配。

（3）根据各厨房的生产特点，编制员工的工作时间表。核查下属的出勤情况、加班费和告假单。

（4）根据饭店的实际情况，制定厨房工作的规章制度和直属下级的岗位职责，制定厨房各项工作的控制指标运转表。

（5）加强多方协作，搞好厨房与饭店各部门之间的关系，主要是厨房与采购部、工程部、宴会预订、餐厅等部门之间的协作。

（6）根据饭店的经营目标和下达的生产经营指标，负责制订全厨房的阶段性实施计划，负责和协助各餐厅菜单的制定和更换。

（7）定期开发和研制新产品，制订考察学习计划，创建本店的餐饮风格。

（8）负责菜点出品质量的检查、控制，对高规格以及重要宾客的菜肴亲临现场督导，以保证菜点质量，维护饭店的声誉。

（9）根据餐饮市场的竞争需要，策划主题类美食节、美食周等各种营销活动。

（10）定期听取各厨房的工作汇报，及时处理运行工作中出现的问题。

（11）负责菜点规格的制定，组织制定标准菜谱卡，及时安排并落实培训工作，确保厨房生产的质量。

（12）根据厨房生产要求，制订厨房改造、厨房设备、用具、工具的添置和更换计划。

（13）定期总结、分析生产经营情况，改进生产工艺，改进采购方式，准确控制成本，使厨房的生产质量和经济效益不断提高。

（14）负责对饭店贵重原料验收、领用、使用等方面的监督控制。

（15）主动征求客人以及餐厅对产品质量和生产供应方面的意见，采取有效的改进措施。

（16）参加饭店召开的有关会议，保证会议精神的贯彻执行，负责召开厨房工作会议。

（17）负责厨房环境和生产过程中的卫生与安全检查，狠抓厨房的卫生工作，防止食物中毒事故的发生，同时还要严格执行安全消防操作规程，负责员工消防知识的培训。

（18）检查监督厨房所有设备、物资、用具的管理和使用。

（19）做好厨房各项资料的收集和记录工作，做好厨师技术档案的保管工作和厨师的业务培训工作。

（20）签署有关工作方面的各类报告，完成上级布置的其他各项工作。

2.厨师长

（1）参加总经理会议。

（2）主持厨房每日例会，向各班组主管传达例会精神内容，听取主管汇报、问题，拟订措施。

（3）检查、验收原料进货情况。

（4）检查各岗位准备情况。检查砧板、炒锅、打荷、上什、粗加工、冷菜的原料加工情况；检查各岗位的餐具、用具、调料、菜品沾清等各项工作的准备情况；检查各区域的卫生情况；检查各设备设施的工作状态，确保无安全隐患；检查各岗位厨师的到岗情况及任务完成情况。

（5）检查前台展示部分准备情况。检查大堂展柜菜品摆放是否完毕及有无遗漏或不规范的地方，如有，及时通知有关厨师补救；检查明档烧腊厨师及凉菜厨师前期准备是否完毕及质量要求是否合格；检查海鲜房卫生及前期准备工作完成情况。

（6）检查各岗位工作程序与标准。检查打荷厨师岗位，餐具配备是否到位，盘边装饰、点缀花是否做齐，顺菜是否正确，是否协调砧板、炒锅工作，是否按照客人要求上菜。

炒锅厨师岗位，检查出品质量，出菜速度，配菜质量，指导打荷的工作。

上菜厨师岗位，检查上菜的顺序是否正确并保证菜品的配料齐全；检查上菜是否及时并保证菜品的温度及型色，检查蒸制品的火候是否符合标准要求。

砧板厨师岗位，检查原料的粗加工是否达标、细加工厨师的配菜质量、数量是否达标，砧板厨师的配菜顺序及配菜速度是否达标。

粗加工厨师岗位，检查粗加工的质量是否达标，粗加工的速度是否达标。

（7）检查各档口及厨房卫生打扫是否完毕、干净；布置下午值班厨师的工作内容。

（8）检查值班厨师的岗位纪律及客人饭菜质量是否达标；检查员工餐具是否完成消毒，饭菜口味是否达标、数量是否足够。

（9）检查各档口、岗位厨师的卫生打扫是否完毕、干净；布置晚值班厨师的工作内容。

（10）查阅第二天申购单是否完善，有无遗漏。

（11）参加每日营业终了的碰头会，汇报当日厨房工作情况听取前厅人员反映的有关饭菜质量问题及客人对某饭菜的建议及要求。

（12）检查值班期间的饭菜质量及厨师的劳动纪律。

（13）检查厨房水、电、气是否关闭，门是否锁好。

（14）总结一天厨房整体的工作情况及菜品的有关情况，做好备忘记录，以备次日早开例会讲解。

3. 炒锅主管

（1）参加厨师长例会。

（2）带领炒锅人员做好半成品及酱料。

（3）检查炒锅厨师餐前准备工作，包括工具是否齐全及顺手，是否擦净油污等。

（4）带领和指挥炒锅厨师、打荷厨师做好餐中菜品的质量、数量保障、顺序、速度安排等一切工作。

（5）带领炒锅、打荷厨师做好收档工作及卫生打扫工作。

（6）带领炒锅和有关砧板人员做好展柜菜品摆放工作。

（7）带领炒锅、打荷厨师召开日工作总结会，找出问题，研究问题，拟订措施。

（8）参加每日营业终了的碰头会，汇报当日厨房工作情况。

（9）听取前厅人员反应的有关饭菜质量问题及客人对某饭菜的建议及要求。

4. 面案主管

（1）参加厨师长例会，汇报昨日工作情况，言明工作进展、存在的问题，听取厨师长的工作指示。

（2）对班组人员进行岗位分配工作。

（3）对采购的原料进行检验，并到仓库支取当日所用原料。

（4）做好上午明档卫生清洁。

（5）与员工一起进行开餐前的准备工作。

（6）检查各项工作是否已完毕，以保证开餐时不急、不乱。

（7）开餐时，保证接收菜单与出菜有序不乱，保质保量按时完成。

（8）做好下午明档的卫生清洁。

（9）下班前检查部门的水、电、气以及本区域的设施、设备和卫生情况。

（10）根据客人反馈的意见，晚上召开菜品分析会，总结一天的工作，安排值班人员。

（11）参加营业终了碰头会。

5. 凉菜主管

（1）参加厨师长例会，汇报昨日班组工作情况，言明工作进展、存在的问题、原因分析及拟采取的整顿措施，听取厨师长的工作指示。

（2）向班组员工传达例会内容，对员工进行岗位分配工作。

（3）对采购回来的原料进行检验与领取，并到仓库按程序支取当日物料。

（4）做好上午收档的卫生清洁工作。

（5）与员工一起进行开餐前的各项切配、调料、装盘工作。

（6）开餐时保证接收菜单与出菜有序不乱，保质保量按时完成开餐时的工作任务，保持卫生。

（7）做好晚上收档的卫生清洁工作，并做好第二天的原料采购计划。

（8）下班前检查部门的水、电、气以及本区域的设施、设备和卫生情况。

（9）参加营业终了碰头会。

6. 砧板主管

（1）参加厨师长例会，汇报昨日班组工作情况，言明工作进展、存在的问题、原因分析及拟采取的整顿措施，听取厨师长的工作指示。

（2）检查采购的原料是否新鲜或是否为需要的类型。

（3）到前台预订处，了解掌握当餐的预订信息。

（4）根据预订情况查看原料是否充足。

（5）根据点菜牌检查原料的备量。

（6）分配砧板各岗位工作，对即来即配的菜，合理进行砧板配菜的分工。

（7）掌握客人预订菜时对菜品的特殊要求。如有套餐，先查看套餐的菜单，合理分配，并根据菜单检查已经配好的菜的料夹，查看配料是否符合质与量的要求。

（8）检查冰箱，如有积压或过多的菜品原料，应通知厨师长或前厅点菜组成员，尽快推出或搭配新菜品推出。

（9）对当餐中已卖完的菜品或将卖完的菜品及时做出沽清，写在沽清单上，并将沽清单在最短时间内送点菜处。

（10）检查当餐收档前各菜品的剩余量。

（11）负责边角料的收集与使用。

（12）根据近期客流量计算次日需用的原料数量，填写每日申购计划单，仔细检查是否有疏漏的原料，交给采购员。

7. 打荷主管

（1）参加厨师长例会，汇报昨日班组工作情况，言明工作进展、存在的问题、原因分析及拟采取的整顿措施，听取厨师长的工作指示。

（2）主持班组工作例会，对员工进行岗位分配，领料、取盘并加热、刻花、切配小料、协助其他岗位。

（3）检查采购的原料是否新鲜或是否为需要的类型。

（4）与员工同时做好餐前的各项准备工作。

（5）布置工作任务及重点。

（6）对菜品的出菜先后顺序严格控制。

（7）做好菜品的造型与装饰。

（8）做好收档的卫生工作。

（9）做好第二天的原料采购计划。

（10）下班前检查部门的水、电、气以及本区域的设施、设备和卫生情况，安排好值班人员。

（11）参加营业终了碰头会。

（二）操作岗位注意事项

1. 砧板厨师

（1）按规定着装，穿工作鞋。

（2）清理环境卫生和各自负责的卫生区。厨房地面要"四次清洁"：上班时清洁一次，用完职工餐清洁一次，开餐前再清洁一次，餐毕彻底清洁一次。期间，如出现水渍应及时拖干。注意不能用水冲刷地面，只能用拖布、抹布拖干。

（3）清洗整理冰箱、冷藏柜；冷冻柜每天整理，一周冲洗一次。

（4）检查原料，避免积压物料。

（5）配菜保证质量，杜绝腐败变质或缺斤少两的现象。

（6）盘、汤盅及客用餐具不能存、盛原料或放入冰箱。

（7）泡水料要勤换水，上、下午两次。对有些料应及时处理，如木耳、粉丝、粉条等。

（8）养成清点记录的习惯，高档原料专人专柜，严格管理。

（9）物尽其用、节约用料。

（10）下班后，砧板应竖立。收档后把刀收入刀盒，不能砍放在砧板上。

（11）水台区应无水渍、水迹，不能有边角料、鱼鳞、血迹。

（12）班组成员相互信任、团结，互帮互助，共同进步。有强烈的主人翁精神和责任感，维护集体及班组荣誉。

2. 炒锅厨师

（1）参加厨房班组例会。

（2）在炒锅主管的安排下做好半成品及酱料。

（3）做好餐前准备工作，包括检查工具是否齐全、光洁等。

（4）做好餐中菜品的制作，保证质量、数量、顺序、速度等要求。

（5）做好收档工作及卫生打扫工作。

（6）和有关砧板人员做好展柜菜品摆放工作。

（7）参加工作总结会，找出问题、研究问题、拟订措施。

3. 凉菜厨师

（1）参加班组例会，接受主管岗位分配。

（2）对采购回来的原料进行检验与领取，并到仓库按程序支取当日物料。

（3）进行开餐前的各项切配、调料、装盘工作。

（4）开餐时保证接收菜单与出菜有序不乱，保质、保量、按时完成开餐时的工作任务，保持卫生。

（5）做好收档的卫生清洁工作。

（6）上报第二天的原料采购计划。

（7）下班前检查部门的水、电、气以及本区域的设施、设备和卫生情况。

附录一　饭店常用服务英语

一、常用词汇

（一）餐厅与厨房

1. 中餐餐具用品

筷子 Chopsticks

筷架 Chopsticks Rack

筷套 Chopsticks Bag

调味碟 Soy Sauce Dish

汤碗 Soup bowl

汤勺 Soup Spoon

骨碟 Plate

茶杯 Tea Cup

茶垫碟 Tea Saucer

洗手盅 Finger Bowl

烟灰缸 Ash Tray

花瓶 Vase

餐巾环 Napkin Ring

牙签 Toothpick

台布 Table Cloth

餐巾 Napkin

服务叉（公叉）Service Fork

服务勺（公勺）Service Spoon

烛台 Candle Stick

桌裙 Table Skirt

古典杯 Rock Glass

烈性酒杯 Shot Glass

鸡尾酒杯 Cocktail Glass

冰桶 Ice Bucket

葡萄酒篮 Wine Basket

酒精炉 Alcohol Heater

水果叉 Fruit Fork

托盘 Tray

手推车 Service Trolley

工作台 Sideboard

保温盖 Plate Cover

毛巾保温箱 Towel Warmer

茶具 Tea Set

咖啡具 Coffee Set

银器 Silver ware

餐巾纸 Paper Napkin

热毛巾 Hot Towel

菜单 Menu

餐桌 Table

餐椅 Chair

鲜花 Fresh Flower

垫布 Placemat

热水瓶 Thermos

蒸笼 Bamboo Steamer

白兰地杯 Brandy Glass

水杯 Water Glass

啤酒杯 Beer Mug

席次卡 Place Card

葡萄酒杯 Wine Glass

2. 中餐常见原料

猪肉 Pork

牛肉 Beef

墨鱼 Ink Fish

肉丁 Diced Meat

肉丝 Shredded Meat

肉馅 Meat Stuffing

排骨 Spareribs

肉末 Minced Meat

舌头 Tongue

乳猪 Sucking Pig

公鸡 Cock

母鸡 Hen

鸡脯 Chicken Breast

鸡胗 Gizzard

北京填鸭 Beijing Duck

鹅 Goose

野鸭 Wild Duck

鸭掌 Duck Web

鹌鹑 Quail

禾花雀 Ricebird

乳鸽 Pigeon

冬瓜 Wax Gourd

苋菜 Amaranth

萝卜 Turnip

凤尾鱼 Anchovy

石斑鱼 Rockfish

羊肉 Mutton

肉片 Sliced Meat

甲鱼 Turtle

比目鱼 Flounder

章鱼 Octopus

莼菜 Water Shield

发菜 Black Moss

泡菜 Pickle

花菜 Cauliflower

芦笋 Asparagus

芹菜 Celery

菠菜 Spinach

香叶 Bay Leaf

苦瓜 Balsam Pear

辣椒 Hot Pepper

菜心 Cabbage Heart

刀豆 Sword Bean

黄瓜 Cucumber

西红柿 Tomato

野兔 Hare

家兔 Rabbit

鸭蛋 Duck Egg

茄子 Eggplant

莴苣 Lettuce

大蒜 Garlic

竹笋 Bamboo Shoots

香芹 Parsley

大白菜 Chinese Cabbage

卷心菜 Cabbage

胡萝卜 Carrot

小虾 Shrimp

龙虾 Lobster

豇豆 String Bean

绿豆芽 Mungbean Sprouts

黄豆芽 Soybean Sprouts

鲈鱼 Perch

豌豆 Peas

青鱼 Black Carp

藕 Lotus Root

土豆 Potato

蘑菇 Mushroom

鱼骨 Fish Bone

脱水蔬菜 Dried Vegetable

河蟹 River Crab

海米 Dried Shrimps

湖米 Dried Clams

红醋 Red Vinegar

白醋 White Vinegar

红辣椒 Hot Pepper

番茄酱 Tomato Ketchup

植物油 Vegetable Oil

燕窝 Edible Bird's Nest

鸽蛋 Pigeon Egg

蛋黄 Egg Yolk

蛋白 Egg White

鲜蛋 Fresh Egg

咸蛋 Salted Egg

松花蛋 Preserved Egg

大虾 Prawns

百合 Lily Root Artichoke

红豆 Red Bean

淡水小龙虾 Crayfish

鲤鱼 Carp

鲫鱼 Gold Carp

鳜鱼 Mandarin Fish

豆腐 Bean Curd

黄鱼 Yellow Croaker

蚕豆 Broad Bean

咸鱼 Salted Fish

鱼子 Hard Roe

木耳 Fungus

中国酱油 Soya Sauce

海蟹 Sea Crab

虾酱 Shrimp

醋 Vinegar

香醋 Aromatic Vinegar

虾干 Dried Prawns

牡蛎 Oyster

蟹黄 Crab Roe

蛤、蛏 Clam

干贝 Scallops

桂皮 Cinnamon

田鸡 Frog

海带 Kelp

海螺 Sea Conch

带鱼 Hair Tail Fish

鳝鱼、鳗鱼 Eel

花鲢鱼 Big Head

白鱼 White Fish

银鱼 White Bait

鲳鱼 Butterfish

鱿鱼 Squid

鳕鱼 Cod

鳟鱼 Trout

海参 Sea Cucumber

海蜇 Sea Blubber，Jelly Fish

味精 Gourmet Powder

丁香 Clove

芥末 Mustard

青葱 Shallot

生姜 Ginger

淀粉 Starch

发酵粉 Baking Powder

冰糖 Rock Sugar

红糖 Brown Sugar

糖浆 Syrup

糖精 Saccharin

蜂蜜 Honey

黑胡椒粉 Black Pepper Powder

香肠 Sausage

3. 中餐厅常用酒水

中国白酒 Spirit

茅台酒 Mao Tai

黄酒 Yellow Wine

绍兴酒 Shaoxing Wine

江米酒 Glutinous Rice Wine

清酒 Sake

白干酒 Samshu

啤酒 Beer

姜汁汽水 Ginger Ale

黑啤酒 Stout Beer

生啤酒 Draft Beer

酒精标准强度 Proof

红葡萄酒 Red Wine

白葡萄酒 White Wine

香槟酒 Champagne

红茶 Black Tea

花茶 Jasmine Tea

砖茶 Brick Tea

柠檬茶 Lemon Tea

乌龙茶 Wulong Tea

浓茶 Strong Tea

淡茶 Weak Tea

龙井茶 Longjing Tea

咖啡 Coffee

速溶咖啡 Instant Coffee

可可 Cocoa

酸奶 Yogurt

冰淇淋 Ice Cream

矿泉水 Mineral Water

苏打水 Soda Water

葡萄汽酒 Sparking Wine

汽水 Aerated Water

玫瑰葡萄酒 Rose Wine

橙汁 Orange Juice

青瓜汁 Cucumber Juice

西瓜汁 Watermelon Juice

（二）前厅

前台经理 Front Desk/Front Office Manager

大堂经理 Assistant Manager

收银员 Cashier

行李员 Porter

订房卡 Reservation Card

订房预报表 Reservation Forecast List

订房单 Room Reservation Form

客房出租率 Room Occupancy Rate

订房确认函 Confirmation Letter

换房登记表 Room and Rate Charge Request Record

确认 Confirmation

预订 Booking；Reservation

取消 Cancellation

空房 Vacancy；Vacant Room

客满 No Vacancy

房间种类 Room Type

换房 Room Change

住客资料卡 Guest Case Card

客房 Guest Room

单人房 Single Room

双人房 Double Room

三人房 Triple Room

套房 Suite

总统套房 Presidential Suite

连接房（中间有门）Connecting Room

浴室 Bath Room

正在清理的房间 On Cleaning

已出租 Occupied

加床 Extra Bed

（三）客房

床 Bed

床头柜 Night Table

梳妆台 Dressing Table

写字台 Writing Table

行李架 Luggage Rack

衣架 Hanger

浴缸 Bathtub

抽水马桶 Water Closet

洗脸盆 Washbasin

水龙头 Tap/Faucet

空调 Air-Conditioner

房间钥匙 Room Key

铺床 Make the Bed

叫醒服务 Wake-Up Call

请勿打扰 Do Not Disturb

请打扫 Make Up the Room

热（冷）水 Hot（Cold）Water

卫生纸 Toilet Paper

（四）其他专用名词

服务员 Waiter　　　　　　　女服务员 Waitress

安全部 Security Department　　工程部 EngineerIng Department

领班 Captain　　　　　　　　财务部 Accounting Department

收银员 Cashier　　　　　　　客房部 Housekeeping Department

调酒师 Bartender　　　　　　前厅部 Front Office

电话接线员 Telephone Operator　杂工 Valet

公共关系部 Public Relations Department

销售部 Sales and Marketing Department

迎宾员 Hostess　　　　　　　工会 Trade Union

餐厅经理 Manager　　　　　　洗衣房 Laundry Department

总经理 General Manager　　　　礼品店 Gift Shop

餐饮部 Food and Beverage　　　花店 Flower Shop

中餐厅 Chinese Restaurant　　　面包店 Bakery

厨房 Kitchen　　　　　　　　小酒吧 Pub

厨师 Chef　　　　　　　　　员工餐厅 Cafeteria/ Staff-canteen

洗手间 Wash Room　　　　　　美容院 Beauty Parlor

西餐厅 Western Restaurant　　　理发店 Barbershop

咖啡厅 Coffee Shop　　　　　　书店 Bookshop

客房送餐 Room Service　　　　免税商店 Duty- Free Shop

特色菜 Special Dish　　　　　　自动洗衣店 Laundromat

点菜 Take the Order　　　　　　收据 Receipt

人事部 Personnel Department　　特色烹饪 Regional Cooking

二、服务用语

（一）预订

（1）Good morning/afternoon/evening.（The name of the hotel and your name）
May I help you？

早上 / 下午 / 晚上好。（某某饭店及你的名字），我能为您做些什么?

（2）How many guests are coming？

请问共有多少人用餐？

（3）How many persons in your party，Sir/Madam？

请问共有多少人用餐，先生/女士？（请问您一行有多少人，先生/女士？）

（4）What time would you like to arrive？

请问你们几点钟到？

（5）May I have your name，please？

请问贵姓？

（6）Could you spell your name，please？

请您拼读一下您的姓名好吗？

（7）I am afraid we only serve lunch until 2 PM

恐怕我们餐厅午餐时间到下午 2 点。

（8）May I know your telephone number，please？

能告诉我您的电话吗？

（9）Is there anything special you would like us to prepare，Sir/Madam？

请问您有什么特殊要求需要我们准备的，先生/女士？

（10）I am afraid that we only can guarantee the table before 8 PM

恐怕我们餐厅只能为您留桌到晚上 8 点。

（11）How many nights do you wish to stay？

您希望住几晚？

（12）What kind of room would you prefer？

您想要什么样的房间？

（13）Thank you for waiting，Sir/Madam.

让您久等了，先生/女士

（14）Could you hold the line，please？ I'll check our room availability.

请别挂断好吗？我来查一下是否有空房间。

（15）I'd like to confirm your reservation again.

我想再确认您的预订。

（16）We look forward to serving you next time. Have a safe trip.

我们期待能为您服务。祝您一路平安。

（二）迎宾

（1）Good morning/afternoon/evening. Welcome to our restaurant.

早上／下午／晚上好。欢迎光临。

（2）May I help you，Sir/Madam？

我能为您做什么，先生／女士？

（3）Do you have a reservation，Sir/Madam？

请问您有预订吗，先生／女士？

（4）How many persons in your party，Sir/Madam？

请问共有多少人用餐，先生／女士？

（5）Please follow me，Sir/Madam.

请跟我来，先生／女士。

（6）This way please，Sir/Madam.

请这边走，先生／女士。

（7）Please mind you step，Sir/Madam.

请留意脚下，先生／女士。

（8）I'm sorry，Sir/Madam. We do not have a table free now. Would you like to wait for a moment in the bar（lounge）？ We shall call you as soon as possible if we have one.

对不起，先生／女士。我们现在没有空餐桌。请您在酒吧（堂吧）稍等一下，好吗？一有空桌我们就会立即通知。

（9）Are you satisfied with this table，Sir/Madam？

请问您对这张餐桌满意吗？先生／女士？

（10）Here is the menu for you，SIr/Madam.

这是您的菜单，先生／女士。

（11）If you need any help，please call me.

如果您在用餐时有什么问题，请告诉我。

（12）Would you care for something to drink before your meal？

您在用餐前要些饮料吗？

（13）Would you like to see the drink/wine list？

您是否要看佐餐酒单？

（14）May I suggest Tsingtao beer with your meal？

我可以向您推荐青岛啤酒配餐吗？

（15）I suggest Chinese mineral water if you would like something refreshing.

如果您需要一些清新的饮料，我向您推销中国矿泉水。

（16）Here is your room. After you.

这是您的房间。您先请。

（17）I'm always at your service. Have a nice day. Good bye！

我随时乐意为您服务，祝您愉快，再见!

（三）点菜

（1）Are you ready to order now？

请问可以为您点菜了吗？

（2）May I take your order now

请问可以为您点菜了吗？

（3）What would you like to start？

请问先给您上些什么？

（4）What would you like to order？

请问您想吃些什么？

（5）Would you like some more？

请问您还需要点别的吗？

（6）Yes，Sir/Madam. We do have a good selection of vegetable dishes.

是的，先生 / 女士。我们有很好的蔬菜精选。

（7）I'm afraid we do not have this brand，but I can recommend the five-star beer.

恐怕我们没有这个牌子，但我可以向您推荐五星啤酒。

（8）If possible，we'll be pleased to meet your wish. I'll check with the supervisor and head chef.

如果可能，我们十分高兴能满足您的要求。我将和主管、厨师长联络。

（9）I'm afraid we do not prepare the dish unfortunately. May I suggest something else？

对不起，恐怕我们没有准备这道菜。我可以向您推荐别的吗？

（10）I'm terribly sorry, Sir/Madam. The dish has been sold out.

真对不起，先生 / 女士。这道菜已经卖完了。

（11）The chef's special today is vegetable with green peas.

今天厨师长特选是青豆蔬菜。

（12）May I recommend the shrimp meat saute with green peas？

我们向您推荐虾仁炒青豆，好吗？

（13）If you don't mind, may I recommend the vegetable with crab meal？

如果您不介意，我向您推荐蟹肉蔬菜，好吗？

（14）May I recommend the steamed turtle？

可以向您推荐清蒸甲鱼吗？

（15）The sweet and sour fish is particularly good tonight. Would you like to try？

糖醋鱼是今晚特别推荐。您是否试试？

（四）征询意见

（1）Is everything to your satisfaction？

请问您对一切还满意吗？

（2）Would you care for another drink？

请问您还喝点什么吗？

（3）Can I bring you anything else？

请问您还需要什么吗？

（4）Is there anything that I can do for you？

请问我能为您做点什么？

（5）May I take up a few minutes of your time？

请问我能占用您一些时间吗？

（6）May I speak to you for a moment, Sir/Madam？

对不起，先生 / 女士，我能和您谈一会儿吗？

（7）May I take the glasses away

我可以撤下酒杯吗？

（8）May I clean your table now？

请问我能清理餐桌吗？

（9）Would you like me to clean your table？

请问您需要我帮您收拾一下餐桌吗？

（10）I'm sorry to disturb you，but may I clean your room now？

抱歉打扰您，我现在可以清理房间吗？

（11）（Knocking the door）Housekeeping. May I come in？

（敲门）我是客房服务员，可以进来吗？

（12）I'm afraid that your room is not quite ready yet. Would you mind waiting for a moment？

您要的房间恐怕还没有完全准备好。您介意等一会儿吗？

（五）致歉

（1）I'm terribly sorry for such a mistake.

我为这样的错误向您道歉。

（2）I'm terribly sorry，Sir/Madam. I must apologize to you

实在对不起，先生 / 女士。我很抱歉。

（3）I would like to apologize once again.

我再次向您郑重道歉。

（4）I'm sorry，Sir/Madam. I did not notice it.

对不起，先生 / 女士。我没有注意。

（5）I'm sorry，Sir/Madam. I'll change it right away.

对不起，先生 / 女士。我马上给您换掉。

（6）Thank you for bringing this matter to our attention.

感谢您让这件事引起我们的注意。

（7）I'm sorry，the dish shall be replaced immediately.

对不起，这道菜将立即被换掉。

（8）I'm sorry，but we are glad that you pointed this out to us.

对不起，但我们很高兴您向我们指出来。

（9）I'm terribly sorry. This is not our usual standard.

我很抱歉，这不是我们通常的水准。

（10）We are very sorry for your inconvenience.

很抱歉给您带来不便。

（六）结账

（1）Would you like to have the bill now ?

请问您是现在结账吗?

（2）Would you like to pay cash or by credit card ?

请问您是付现金还是用信用卡?

（3）Would you like the amount on the same bill or separately ?

请问你们是分账单还是合在一起?

（4）I'm sorry，I shall add it up again，Sir/Madam

对不起，我将再算一遍，先生 / 女士。

（5）I'm sorry，Sir/Madam. Would you show me what is wrong ?

对不起，先生 / 女士。您能告诉我哪里错了吗?

（6）Excuse me，Sir/Madam. May I have your room number and room card ?

对不起，先生 / 女士。您能告诉我您的房间号并出示您的房卡吗?

（7）Excuse me，Sir/Madam. Would you please sign your name here ?

对不起，先生 / 女士。请您在这签名。

（8）Excuse me，Sir/Madam. Would you please sign your name again ?

对不起，先生 / 女士。请您再签一次名好吗?

（七）送客

（1）Thank you，Sir/Madam. We hope to serve you again.

感谢光临，先生 / 女士。希望再次为您服务。

（2）Glad you enjoyed your meal. Good bye.

很高兴您用餐愉快。再见。

（3）Thank you very much. Have a nice evening.

十分感谢。祝您有个愉快的夜晚。

（4）We hope to serve you again，Sir/Madam. Good night.

希望再次为您服务。晚安。

附录二　"金钥匙"服务

　　"金钥匙"服务的概念，最早是在 1929 年由法国率先提出的，他们将"客人委托、饭店代办"式的个性化服务上升为一种理念，并成立了饭店业委托代办的组织——"金钥匙"组织。"金钥匙"是饭店综合服务的总代理，被誉为"万能博士"，其佩戴的两把交叉的金钥匙，意味着尽善尽美的服务，也象征着为客人解决一切难题。经过 80 多年的发展，国际饭店金钥匙组织已有 38 个国家和地区参加，会员超过 5000 名。在 1997 年 1 月意大利首都罗马举行的国际金钥匙年会上，中国被接纳为国际饭店金钥匙组织的第 31 个成员。中国饭店金钥匙组织目前已发展了 50 多个城市近 200 家饭店，800 多名会员。每一位"金钥匙"会员都必须定期接受严格的培训和考核。

　　"金钥匙"一词出自单词 Concierge，原系法语，原来是指古时饭店的守门人，负责迎来送往和掌管客房钥匙。但随着饭店业的发展，其工作范围在不断扩大，在现代化国际饭店中，"金钥匙"已成为提供全方位"一条龙服务"的岗位，只要是不违反道德观和法律法规，任何事情金钥匙都会尽力做到，以满足宾客的要求。见多识广、经验丰富、谦虚热情、彬彬有礼和善解人意是"金钥匙"特有的品质。

　　关于"金钥匙"一词的来源有一个很有趣的说法，来源于拉丁文，语意为"保管""管理"或是"仆人"。我们却宁愿选择另一种说法，即古代法语的衍生意思，那能让我们寻回封建时代金钥匙（concierge）发展的轨迹，这个词为 Comte des cierge（蜡烛伯爵，即保管蜡烛的人），即负责满足一些到豪华场所娱乐的贵族们的奇想和渴望，以及其他需求的人。

一、中国饭店"金钥匙"的职业承诺和服务理念

　　中国饭店"金钥匙"一开始就注重从实践到经验的总结，把国际"金钥匙"的先进服务理念和中国的文化背景相结合，提出了具有中国特色的饭店

"金钥匙"理论，将舶来的欧美服务文化经过改造，在中国的高级饭店发扬光大，从服务理念、思维方式、价值取向到具体操作规范等各方面都有了新的发展。

（一）中国饭店"金钥匙"的职业承诺

使命：为全世界旅行者提供高效、准确、周到、完美的服务，倾尽全力将卓越的服务体现在我们所做的每一件工作中，为客人解决难题，带来惊喜。

终极目标：中国饭店"金钥匙"组织将发展成为中国饭店个性化服务网，不断为世界旅行者提供最好的服务，使每一名"金钥匙"成员在服务客人的同时实现自身的价值，找到富有的人生。

行为准则：友谊与合作是中国饭店"金钥匙"处理各种关系的基础。

个人的尊严：中国饭店"金钥匙"要求每一分子都有高度的主动性、自尊和自律，同时他们相信，尊重每一个人的个性和尊严，肯定每一个人的贡献与价值才能创造一个有信心与活力的团体；世界上只有不良的组织，没有不好的员工。

诚实：诚实是饭店"金钥匙"的特质，忠实、正直、可靠是饭店"金钥匙"组织信誉的源泉，也是"金钥匙"一切服务行为的基石。

责任：对自己负责、对宾客负责、对组织负责，提供协作，实现承诺，为宾客提供高效优质的服务是饭店"金钥匙"成员不可推卸的责任。要将一切难题消灭在饭店"金钥匙"柜台，这必须成为饭店"金钥匙"柜台的不容偏差的工作原则。饭店"金钥匙"的柜台就应该是客人的最后一站，是解决问题的终点。

创新：创新是中国饭店"金钥匙"实现领先的法宝。创新是维持企业生命力和成长的原动力，而创新需要勇气和积极的行动。要在竞争中取胜，必须不断向现状挑战，追求新的机会。饭店"金钥匙"文化鼓励成员学习如何改变，接受重大变革，不断为宾客带来新的惊喜。

（二）中国饭店"金钥匙"的服务理念

"在客人的惊喜中找到富有的人生"，这是中国饭店"金钥匙"的基本服务理念。其核心就是通过实现社会利益和团体利益最大化，追求社会、企业、个人三者利益的统一。实现个人的价值、企业的价值和社会的主流价值的统一，即个人的追求与企业、社会的追求相和谐。中国饭店"金钥匙"服务理念融集体主义和理想主义于一体，给饭店个性化服务注入具体、丰富的内涵，使委托代办服务这一抽象的名词具体化为以忠实、诚信、协作、责任、热情为基础的专业操作。这种服务的发展为中国饭店业中个性化服务提供了可供实践的具体样板，是中国饭店业服务水平进一步提升的催化剂，使中国饭店服务研究走出象牙塔，接近一个个在一线的服务人员。

（三）"金钥匙"服务的特征和项目

"金钥匙"服务作为极致的饭店个性化服务，其为客人提供超值服务、额外服务或延伸服务。与一般意义上的个性化服务相比，其在深度和广度上发挥得更淋漓尽致。它所提供的附加服务和细微服务给急需这些服务的客人所带来的惊喜和意外，往往是难以言表的。可以用最简略的词句形容"金钥匙"服务的特征，即"无所不能，无微不至"。"金钥匙"的服务项目范围之广、内容之细，足以满足客人在旅行中的各种特别需求和潜在需求。

"金钥匙"的服务内容涉及面很广：向客人提供市内最新的流行信息、时事信息和举办各种活动的信息，并为客人代购歌剧院和足球赛的入场券，或为域外举行的团体会议作计划。满足客人的各种个性化需求，包括计划安排在国外城市举办的正式晚宴；为一些大公司做旅程安排；照顾好那些外出旅行客人和在国外受训的客人的子女；甚至可以为客人把金鱼送到地球另一边的朋友手中。饭店"金钥匙"提到的其他请求也有不少，如跑腿、看孩子、冲洗胶卷、请秘书、请公证人、转录录像带、租录像带、请裁缝、补鞋、修拉链等。饭店"金钥匙"经常要利用午餐时间和下班以后为客人跑腿，有时连上班时间也为客人跑腿，如在拥挤的邮局等着交寄国际包裹、排队购戏票等。

（四）饭店"金钥匙"的服务哲学

饭店"金钥匙"服务是在不违反法律法规的前提下，使客人获得满意加惊喜的服务。特别是目前中国的旅游服务必须要考虑到客人的吃、住、行、游、购、娱六大内容。饭店"金钥匙"的一条龙服务正是围绕着宾客的需要而开展的。例如接受客人订房，安排车到机场、车站、码头接客人，根据客人的要求介绍各特色餐厅并为其预订座位，联系旅行社为客人安排好导游，当客人需要购买礼品时帮客人在地图上标明各购物点等。最后当客人要离开时，帮助客人买好车、船、机票，并帮客人托运行李物品。如果客人需要的话，还可以帮客人订好下一站的饭店并与下一站饭店的"金钥匙"落实好客人所需的相应服务。

　　"金钥匙"服务让客人从接触到饭店开始，一直到离开饭店，自始至终，都感受到一种无微不至的关怀。从这些，人们不难想象饭店"金钥匙"对城市旅游服务体系、饭店本身和旅游者带来的影响。

二、"金钥匙"的网络协作

　　网络性是饭店"金钥匙"服务的又一特点。中国饭店业"金钥匙"的发展基本上是点阵扩张式，即通过在中心城市的中心饭店发展条件成熟的人员加入"金钥匙"组织，然后以此为中心向其他地区发展，并以中国饭店"金钥匙"总部为中心逐渐形成服务网络。饭店"金钥匙"服务通过网络不仅突破了地域的限制，延伸到别的城市，甚至延伸到别的地区和国家。

　　一次，南京金陵饭店的"金钥匙"打电话给广州白天鹅宾馆的"金钥匙"，称该店一名已赴广州的住客误拿了另一位新加坡客人的行李，请求广州方面协助查寻。白天鹅宾馆的"金钥匙"获悉立即赶赴机场截回了被误拿的行李，但当他们回复金陵饭店"金钥匙"时，金陵饭店却说这名新加坡客人已飞赴香港，于是他们又与香港"金钥匙"联系，香港"金钥匙"接到消息后马上在香港机场找到新加坡客人，告之他的行李找到了，而这位客人因急于赶回国则要求他们将他的行李从广州直接寄运至新加坡，根据这种情况，他们用特快专递将客人行李发往新加坡，然后与新加坡的"金钥匙"落实此事。几天后，新加坡的"金钥匙"回电，这件几经周折的行李已完璧归赵，安全送回客人手中。

　　饭店有了"金钥匙"，与外界的有形的沟通就更加通畅了，世界也变得更小了。真诚的服务成为一条连通不同国家、民族、肤色、文化的无形纽带。服务，超越了国界和疆界。

三、"金钥匙"与饭店各部门的关系

　　饭店"金钥匙"服务尽管是由"金钥匙"成员独立实施的，但离不开饭店管理层的支持及饭店各部门的配合。"金钥匙"要真正能成为入店客人忠实而得力的助手、参谋和朋友，就必须协调好与饭店各有关部门之间的关系，取得各部门的密切合作。同时，作为饭店管理层也要让这些部门认识到饭店"金钥匙"服务能为其部门经营、管理、服务带来什么益处。

以餐饮部为例，餐厅等营业部门的经理最关心的问题不外乎是每个月的营业额能否完成指标，对于能为其带来生意的人，他们肯定是欢迎的。饭店"金钥匙"应该成为店内各个营业点最卖力的推销员，而营业点的管理人员和服务员也应对被介绍来的客人照顾周到，用事实向客人证明饭店"金钥匙"的推介没有错。双方紧密配合才能使客人满意，使饭店受益。

要当一个好的推销员，首先要对自己推销的产品了如指掌。以餐厅为例，饭店"金钥匙"要主动与餐饮部经理沟通，请其详细介绍各餐厅的服务项目、营业时间、菜式特点、招牌产品、价格水平等情况，另外还要了解每个月有什么食品节，推出什么新菜品，做到心中有数。当有客人要"金钥匙"帮他在某一餐厅订座时，"金钥匙"最好能同时知会一下当值的餐厅主管或经理，这一点对于一些熟客和 VIP 客人尤为重要。当客人到餐厅时已有管理人员在迎候，并迅速带他到已订好的餐桌前，若恰巧碰上是客人的生日、结婚纪念日或是蜜月，饭店"金钥匙"把这一信息通报给餐厅经理，使他们能在为客人服务的时候奉上几句祝贺的话语或送上一个精致的生日蛋糕，令客人收获一份意外的惊喜。条件允许的话，在客人用餐后最好能致电给客人，询问一下他们对用餐的餐厅的服务和菜品是否满意，这样既可以向客人表示对他的关心，又能帮助餐厅收集客人的意见。另外，在对外联络的过程中，若发现其他饭店和餐厅有什么新的服务和菜品，则应将信息转告给餐饮部经理，帮助他们改进和调整。

饭店"金钥匙"在中国的逐渐兴起，是我国经济形势的发展以及旅游总体水平发展的需要。它将成为中国各大城市旅游体系里的一个品牌，代表着热情好客独具饭店特色的一种服务文化并将成为该城市饭店业的一个传统。

附录三　绿色旅游饭店

一、绿色旅游饭店的定义

1. 绿色旅游饭店（Green Hotel）

以可持续发展为理念，坚持清洁生产、倡导绿色消费，保护生态环境和合理使用资源的饭店。

2. 清洁生产（Cleaner production）

清洁生产是指不断采取改进设计、使用清洁的能源和原料、采用先进的工艺技术与设备、改善管理、综合利用等措施，从源头削减污染，提高资源利用效率，减少或者避免生产、服务和产品使用过程中污染物的产生和排放，以减轻或消除对人类健康和环境的危害。

3. 绿色设计（Green Design）

绿色设计是指在设计阶段就将环境因素和预防污染的措施纳入产品设计之中，将环境性能作为产品的设计目标和出发点，力求使产品对环境的影响最小。在饭店设计中表现为饭店在建筑设计、室内设计和设施配置等方面充分考虑能源节约和生态环境保护，采用先进的技术和材料，使饭店符合绿色旅游饭店的相应标准

4. 绿色消费（Green Consumption）

指人们在购买物品和消费时，关注商品在生产、使用和废弃后对环境的影响问题，并在消费过程中关注环境保护的问题。

5. 绿色客房（Green Room）

指无建筑、装修、噪声污染，室内环境符合人体健康要求的客房；客房内所有物品、用具及对它们的使用都符合环保要求。

6. 绿色食品（Green Food）

指遵循可持续发展原则，按照特定的生产方式，经专门机构评定，许可使

用绿色食品标志商标的无污染的安全、优质、营养类食品。

7. 有机食品（Organic Food）

有机食品是指根据有机农业和有机食品生产、加工标准而生产出来的，经有机食品颁证组织颁发证书的食品。

8. 环境标志（Environment label）

环境标志是印在或贴在产品或其包装上宣传环境品质或特征的用语或象征符号。环境标志标明产品从生产、使用以及回收处置的整个过程符合环保要求，对生态环境无害或损害极小，有利于资源再生和回收利用。

9. 绿色照明（Green Lighting）

安全、高效、紧凑型的以节电、保护环境为原则而设计的科学、有益健康的照明器具。

10. 绿色服务（Green Service）

是指在服务过程中使用环保型的设施、设备、用具，并倡导绿色消费的服务。

11. 环境方针（Environment Policy）

组织对其全部环境表现的意图与原则的陈述，它为组织行为及环境目标和指标的建立提供了一个框架。

12. 环境绩效（Environment Performance）

组织基于其环境方针、目标和指标，对其环境问题进行控制所取得的可测量的管理结果。

二、基本原则

1. 减量化原则

饭店在不影响产品及服务质量的前提下，尽量用较少的原料和能源投入。通过减小产品体积、减轻产品重量、简化产品包装，以达到降低成本、减少垃圾的目的，从而实现既定的经济效益和环境效益目标。

2. 再使用原则

在确保不降低饭店的设施和服务的标准的前提下，物品要尽可能地变一次性使用为多次使用或调剂使用，不要轻易丢弃，减少一次性用品的使用范围和用量。

3.再循环原则

物品在使用后回收处理，成为可利用的再生资源。

4.替代原则

为节约资源、减少污染，饭店使用无污染的物品或再生物品，作为某些物品的替代。

三、管理的基本要求

1.饭店最高管理者承诺持续改进环境绩效和预防污染，并遵守有关环保、节能、卫生、防疫、规划等法律法规和其他要求。

2.最高管理者指定一名管理者分管绿色旅游饭店的创建、实施与运行，各部门设有负责环境管理的分管人员，形成管理网络，创造能使员工充分参与创建绿色饭店的内部环境。

3.饭店应制订环境方针，明确"创绿"目标和指标，建立并实施有关节能、环保和倡导绿色消费的规章制度。

4.各级管理者要定期检查饭店各部门的运行情况，有记录、有整改的措施，并有成效。

5.饭店主要公共场所和部门应有体现保护环境、注重生态的装饰，有倡导绿色消费的告示和文字说明，有相关的报纸杂志展。

6.应对饭店全体员工进行全面的环境意识的培训和教育，使培训与实施办法同步进行。特别是对环境可能发生重大影响的工作岗位的员工要进行相应的技术培训。

四、绿色旅游饭店等级与划分

绿色旅游饭店分金叶级和银叶级两个等级。

1.金叶级应具备

（1）饭店建立绿色管理机构，形成管理网络。

（2）自觉遵守国家有关节能、环保、卫生、防疫、规划等法律法规。

（3）分区域、分部门安装水、电、汽计量表，并有完备的统计台账。

（4）锅炉安装除尘处理设备。

（5）厨房安装油烟净化装置，并运行正常。

（6）污水处理设施完备或接入城市排污管网，不直接向河流等自然环境排放超标废水。

（7）室内空气质量符合 GB/T 18883—2002《室内空气质量标准》的要求。

（8）不加工和出售以野生保护动物为原料的食品。

（9）一年内未出现重大环境污染事故，无环境方面的投诉。

（10）达到评定细则 240 分以上。

2．银叶级应具备

（1）饭店建立绿色管理机构，形成管理网络。

（2）自觉遵守国家有关节能、环保、卫生、防疫、规划等法律法规。

（3）主要区域安装有水、电计量表，并建立台账或记录。

（4）锅炉有除尘处理措施。

（5）厨房有烟净化处理措施。

（6）不直接向河流等自然环境排放超标废水。

（7）不加工和出售以野生保护动物为原料的食品。

（8）一年内未出现重大环境污染事故，无环境方面的投诉。

（9）达到评定细则 180 分以上。

五、绿色设计

1．环境设计

（1）饭店设计中有保护当地自然景观和生物多样性的设计。

（2）饭店建设未造成当地植被、水系及生态的破坏。

2．建筑设计

（1）饭店设计充分考虑自然采光的设计与运用。

（2）设计中考虑隔热、保温材料的设计与运用。

（3）饭店门窗和隔墙有减少噪声的设计

（4）采用新型墙体材料和环保装饰材料。

3．新能源的设计与运用

饭店在设计时能够根据当地实际情况，实现太阳能、生物质能、风能和地热等新能源及可再生能源的利用。

4. 节水设计和其他

（1）采用冷热电联供、集中供热等能源梯级利用技术。

（2）饭店设计中有雨水收集利用系统。

（3）饭店卫生间采用节水型坐便器。

（4）饭店有中水系统设计。

（5）饭店有减少污染排放的设计。

六、能源管理

1. 基础管理

（1）建立耗能设备分类与计量仪表台账。

（2）按部门或系统安装水、电、汽计量仪表，并设立计量仪表的数量、分布台账。

（3）建立能源统计工作制度，有比较、分析、建议报告。

（4）建立能耗定额、考核制度及奖惩办法。

（5）管理者掌握饭店用能详细情况，问题清楚，目标明确，节能措施可行有效。

2. 主要用能设备运行效率应遵循评定细则的规定。

3. 积极应用节能新技术（太阳能、风能、生物质能、海洋能、地热等），并保持运行良好。

4. 积极采用多种节水措施。

七、环境保护

1. 污染控制

（1）各类污水处理设备完备且运行正常。

（2）污水排放符合 GB 89788—1996《污水综合排放标准》的要用求。

（3）锅炉烟尘排放符合 GB 13271—2001《锅炉大气污染物排放标准》（GWPB3—1999）的要求或使用集中供热。

（4）厨房安装油烟净化设备且油烟排放符合 GWPB5—2000《饮食业油烟排放标准》的要求。

（5）饭店边界噪声符合 GB 3096—93《城市区域环境噪声标准》。

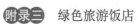

（6）固体废弃物处理符合国家有关法律法规的规定。

2. 积极采用环保型设备、用品和材料

（1）使用溴化锂吸收式等环保型的冷水机组。

（2）使用环保型（无氟）空调。

（3）使用环保型（无氟）冰箱。

（4）不使用哈龙（F1211）灭火器。

3. 室内环境

（1）室内空气质量符合 GB/T 18883—2002《室内空气质量标准》的要求

（2）改造或新装修后的客用设施投入使用前，应采取必要的措施，减少有害物质。

（3）采用有环境标志的装修材料。

4. 绿化

（1）以保护生态的原则做好室外绿化工作。

（2）做好室内绿化，为宾客提供良好的消费环境。

八、降低物资消耗

1. 物资的使用总要求

饭店有降低及控制各类物品使用的措施，尽量做到减量使用、多次使用和替代使用。

2. 降低客房物资消耗

（1）减少客房各类棉织品洗涤次数。

（2）客用品减量使用、多次使用。

（3）取消、改变或简化客房生活、卫生用品的包装。

3. 降低餐饮物资用品消耗

（1）不使用一次性餐具、清洁用品。

（2）合理利用食品加工中边角料的有效部分，减少浪费。

4. 节约各类消耗品

（1）节约用纸。

（2）用分类洗涤等措施，节约使用清洁剂。

（3）节约其他各类物资。

九、提供绿色产品与服务

1. 提供绿色客房

（1）设有无烟客房楼层或无烟小楼。

（2）客房楼层有新风系统。

（3）积极采取措施降低客房物资用品耗量。

（4）服务指南中有相关说明，服务程序或岗位职责中有具体规范要求。

（5）配备空气清洁设备。

（6）供应洁净饮用水。

（7）放置对人体有益的绿色植物。

2. 餐厅提供绿色服务

（1）有绿色服务规范。

（2）积极提供绿色食品。

（3）零点餐厅和早餐厅设无烟区。

（4）提供安全食品。

（5）不以野生保护动物为食品原料。

（6）拒绝使用损害环境的企业和厂家生产的产品。

十、社会环境经济效益

1. 社会环境效益

（1）有系统的宣传措施。

（2）得到社会的良好反映（有各种报道）。

（3）得到宾客的支持和赞同（有反馈信函）。

（4）宾客对饭店环境的满意程度达到 80% 以上（根据征求意见表统计）。

（5）绿色客房出租率呈上升趋势，或绿色客房平均出租率超过饭店平均出租率。

2. 经济效益

（1）年能耗（电、水、燃料）费用占总营业收入的比例比上年下降或达到先进指标。

（2）消耗品费用占总营业收入的比例比上年下降或达到先进指标。

3.建立绿色饭店管理体系

（1）饭店设立绿色旅游饭店管理组织，建立绿色管理网络。

（2）制定环境管理的目标和方针，建立健全节能环保等制度与措施。

（3）遵守国家有关节能、环保、卫生、防疫等法律法规。

（4）开展绿色环保活动，营造绿色氛围。

（5）组织节能环保培训。

（6）参加质量、环境、安全管理体系的认证。

十一、绿色旅游饭店的评定

1.参加评定资格

全国范围内，正式开业一年以上的旅游饭店

2.评定机构和权限

（1）全国旅游星级饭店评定机构统筹负责绿色旅游饭店的组织、领导、评定工作，制定评定工作的实施办法和评定细则，授权、督导省级以下旅游星级饭店评定机构开展绿色旅游饭店的评定工作，保有对各级旅游星级饭店评定机构所评绿色旅游饭店的否决权，并接受国家旅游行政管理部门的监督。

（2）省、自治区、直辖市旅游星级饭店评定机构按照全国旅游星级饭店评定机构的授权和督导，组织本地区绿色旅游饭店的评定与复核工作，保有对本地区下级旅游星级饭店评定机构所评绿色旅游饭店的否决权。同时，负责将本地区所评绿色旅游饭店的批复和评定检查资料上报全国旅游星级饭店评定机构备案。评定机构应吸收有关专业技术部门代表参加，并接受各省、自治区、直辖市旅游行政管理部门的监督。

（3）其他城市或行政区域旅游星级饭店评定机构按照全国旅游星级饭店评定机构的授权和所在地区省级旅游星级饭店评定机构的督导，实施本地区绿色旅游饭店的推荐、评定和复核工作。同时，负责将本地区绿色旅游饭店的推荐或评定检查资料上报省级旅游星级饭店评定机构。评定机构应吸收有关专业技术部门代表参加，并接受各城市或行政区域旅游行政管理部门的监督。

3.评定程序

（1）饭店向所在城市或行政区域旅游星级饭店评定机构提交评定申请报告及有关表单。

（2）饭店所在城市或行政区域旅游星级饭店评定机构向省级旅游星级饭店评定机构推荐申报饭店，或根据授权对申报饭店进行评定，并将有关评定检查情况上报省级旅游星级饭店评定机构备案。

（3）省级旅游星级饭店评定机构对申报饭店进行评定。

（4）评定后，达到标准要求的予以通过并公告，同时，报全国旅游星级饭店评定机构备案，并由全国旅游星级饭店评定机构颁发证书及绿色旅游饭店标志牌。未达到标准要求的，不予通过。

4. 人员资质

（1）熟悉旅游以及相关行业的法律、法规和政策，精通环境管理基本知识。

（2）思想品德好，能做到严格要求，认真负责，秉公办事，不谋私利。

（3）了解饭店工程设备运行与管理，具有较丰富的饭店经营管理或行业管理经验。

（4）具有较强的分析、研究能力，有一定的协调组织能力和口头、文字表达能力。

（5）通过培训取得绿色饭店评定员资格。

5. 标志管理

（1）绿色旅游饭店标志实行自愿申请，强制管理制度。

（2）经评定的绿色旅游饭店授予相应的标志，并颁发证书。

（3）绿色旅游饭店标志牌由全国旅游星级饭店评定机构统一制作、核发，任何单位或个人未经授权或许可，不得擅自使用。

（4）经评定的绿色旅游饭店，由省级旅游星级饭店评定机构每三年进行一次复核。复核结果上报全国旅游星级饭店评定机构备案。

（5）标志的有效期为五年（自颁发证书之日起计算）。到期必须重新申请、评定。

（6）企业在使用标志期间，一经发现与标准不符或给消费者带来直接的、间接的利益损害的行为即予以取消标志的使用权并且在有关媒体予以公告。

（7）凡标志使用有效期满而不继续申请的，不得继续使用标志。

责任编辑：王 军 张 旭
责任印制：冯冬青

图书在版编目（CIP）数据

饭店一线：中小型饭店实务操作教程 / 宋爱辉著
. -- 北京：中国旅游出版社，2018.10
ISBN 978-7-5032-6148-0

Ⅰ．①饭… Ⅱ．①宋… Ⅲ．①饭店－商业服务－技术
培训－教材 Ⅳ．① F719.3

中国版本图书馆 CIP 数据核字（2018）第 264978 号

书　　名：饭店一线—— 中小型饭店实务操作教程

作　　者：宋爱辉著
出版发行：中国旅游出版社
　　　　　（北京建国门内大街甲 9 号　邮编：100005）
　　　　　http://www.cttp.net.cn　E-mail:cttp@mct.gov.cn
　　　　　营销中心电话：010-85166503
排　　版：北京旅教文化传播有限公司
经　　销：全国各地新华书店
印　　刷：北京工商事务印刷有限公司
版　　次：2018 年 10 月第 1 版　2018 年 10 月第 1 次印刷
开　　本：720 毫米 × 970 毫米　1/16
印　　张：12.75
字　　数：210 千
定　　价：42.00 元
ＩＳＢＮ　　978-7-5032-6148-0